섬과

섬을

잇다

2

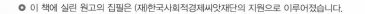 이 책에 실린 원고의 집필은 (재)한국사회적경제씨앗재단의 지원으로 이루어졌습니다.

소박한 꿈을
포기할 수 없는
사람들

앙꼬 강혜민 조남준 송기역 원혜진 유명자
주호민 연정 최규석 송경동 유승하 이선옥

한겨레출판

섬과 꿈을 잇고 싶습니다

두 번째 《섬섬(섬과 섬을 잇다)》을 내게 되었습니다. 외롭게 오랜 싸움을 하고 있는 '섬'들을 이어보자고 1권을 낸 후 1년 반 만에 2권을 내놓습니다. 잘한 일이라고 생각하지만 마냥 기쁘지만은 않습니다. 해결이 된 현장보다는 그렇지 못한 곳이 더 많고, 또 다른 섬들은 계속 생겨나고 있는 현실 때문입니다. 그래도 얼마 전 반가운 소식이 들렸습니다. 1권에서 기록했던 섬 가운데 한 곳, 2,822일 동안 비정규직 최장기 투쟁사업장이라는 불명예를 안고 싸운 '재능교육'의 마지막 해고자 두 분이 복직에 합의했습니다. 또 2권에서 기록 중이던 구미의 '스타케미칼' 차광호 씨도 굴뚝농성 408일 만에 복직에 합의하고 내려왔습니다. 오롯이 승리라 불러도 될 만한 일이지만 어느 해고자의 말이 또 꽂힙니다.

"해고자에게 승리란 없어요. 수년을 싸워서 복직하면 겨우 원래 자리를 찾은 거예요. 승리라고 하면 무언가를 얻어야 하는데 그야말로 잃어버렸다가 찾은 거니까…."

그래도 더 이상 길바닥과 고공에서 싸우지 않아도 되는 게 어디냐 싶습니다. 원래의 자리로 돌아가 다시 시작하는 걸음도 계속 응원하겠습니다.

2권에는 다섯 군데 섬 이야기와 더불어 1권에서 다루지 못한 섬섬 작가들의 연결기를 넣었습니다. 작가들에게도 이 작업이 남다른 의미를 갖는다는 걸 독자들께 전하고 싶은 마음입니다. 2권 역시 소중한 질문과 감동의 순간들, 그리고 슬픈 기록이 고스란히 담겨 있습니다.

섬의 주민들은 섬 밖에 살고 있는 우리에게 중요한 질문을 던집니다. 부양의무제와 장애등급제 폐지를 위해 싸우는 장애인들은 묻습니다. 밥만 먹고 재워주면 당신 삶의 주인이 아니어도 괜찮으냐고. 노동하지 못하는 인간은 존엄하지 못하냐고. 줄곧 노동의 가치만을 얘기해온 우리에게 뜻밖의 질문이었습니다. 감동의 순간에 대한 증언들도 있습니다. 노동조합이 생기고 처음으로 점심시간에 뛰지 않아도 된 게 너무 기뻐서 동료들과 울면서 걸었다는 이야기, 다른 사업장의 노동자 200여 명이 자신의 농성장에 연대하러 걸어오던 날의 감격을 잊을 수 없다는 해고자의 증언. 실패와 시련의 연속이어도 이런 순간이 있어 그나마 버틸 수 있었다고 합니다. 1권에서 취재의 대상이었던 해고자는 기록자가 되어 긴 싸움이 겪는 내밀한 갈등을 싸워본 자만이 아는 공감력으로 풀어냈습니다. 노조파괴공작이 사람의 관계를 어떻게 파괴하는지 실제 가족의 사례를 극화한 'PLAN', "다음 생애는 버스기사가 대우받는 곳에서 태어나고 싶다"는 유언을 남기고 목숨을 끊은 버스 노동자의 아내가 고심 끝에 증언한 남편의 이야기 또한 《섬섬》에서만 볼 수 있는 아프고 귀한 기록입니다.

여러 현장을 다니면서 가끔 해고자들한테 꿈이 뭐냐고 물어봅니다.

"내가 일하던 자리에 단 하루라도 다시 서보고 싶어요." "애한테 좋은 운동화 하나 사주고 싶어요." "가족여행 가보고 싶어요." "몰라. 꿈이 뭐였는지 잊어버렸어. 내가 꿈이 있었나⋯." "나는 복수하고 싶어. 나를 이렇게 만든 그 사람한테⋯." "우리 싸울 때 도와준 분들 다 모아놓고 돼지 한 마리 잡아서 크게 잔치 한번 하고 싶어요."

저마다의 꿈을 말하면서 미안함, 분노, 기대, 아련함, 슬픔이 고스란히 드러나던 얼굴들이 생각납니다. 싸우는 사람들의 꿈은 대부분 소박했습니다. 기록 작업 도중 타결한 스타케미칼의 차광호 씨는 흔들릴 때마다 '이 조합원들과 같이 먹고살 수 있었으면 좋겠다'는 생각으로 굴뚝에서 408일을 버텼다고 합니다. 일상을 잃은 사람들에게는 '이상'을 좇을 여유가 없습니다. 어떤 사람에게는 벗어나고픈 일상이 이들에게는 간절히 회복해야 할 인생 최고의 꿈입니다. 세상에서 고립되어 외롭게 싸우고 있는 이들이 일상을 회복하고 진짜 이상을 그려보는 삶을 되찾으면 좋겠습니다. 다시 꿈꿀 수 있도록, 꿈이 뭐였는지 잊지 않아도 되는 삶을 찾기를 바랍니다.

섬섬 1권이 나온 후 우리 책이 독자와 섬사람들을 이어주는 역할을 할 때마다 기뻤습니다. 기록자들에게 이보다 더한 보람은 없습니다. 이 작업은 여전히 여러 존재와 존재를 이어 희망이라는 연결망을 만들고 있습니다. 1권 작업을 후원해 주신 '와락'에 이어 2권에는 '사회적경제씨앗재단'에서 작업비를 크게 후원해주셨습니다. 고맙습니다. 기꺼이 추천사를 써주신 김선수, 변영주, 신복수, 이계삼 선생님과 섬섬 작업에 애정을 가지고 변함없이 지원해 주신 한겨레출판 김수영, 정회엽 님께도 저자들을 대신해 감사드립니다.

우리는 모두 연결되어 있다는 믿음을 확인하게 해주신 1권의 독자들, 그리고 이 책을 지금 읽고 계신 독자들 모두 한 분 한 분 따뜻하게 안아주고 싶은 마음입니다. 고맙습니다.

다음번에는 여러분 모두와 함께 섬과 꿈을 이어보고 싶습니다.

2015년 12월
저자들의 마음을 모아 이선옥 씀

머리말   섬과 꿈을 잇고 싶습니다 ·4

1. 하고 싶은 것을 할 수 있는 자유 · 광화문 장애인 농성장
   만화   광화문 인터뷰 – 앙꼬 ·13
   르포   이곳의 바깥 – 강혜민 ·30

2. 전주에선 왜 버스 파업이 잦은가 · 전주 지역 버스 노조
   만화   민주노조 코스 – 조남준 ·59
   르포   버스는 생명을 싣고 달린다 – 송기역 ·75

3. 그가 굴뚝에 오를 수밖에 없는 이유 · 스타케미칼지회
   만화   굴뚝, 408일 – 원혜진 ·103
   르포   어용이라는 괴물 – 유명자 ·119

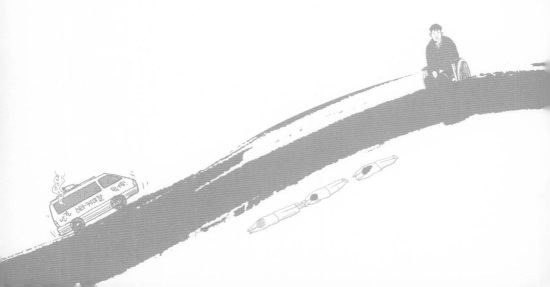

4. '비정규직'이라는 단어가 없어졌으면 • 기륭전자분회

   만화 기륭전자 이야기 – 주호민 ·147

   르포 10년을 싸울 줄은 몰랐어 – 연정 ·163

5. '창조'적으로 노조를 파괴하는 방법 • 유성기업지회

   만화 플랜 – 최규석 ·203

   르포 우리는 올빼미가 아니다 – 송경동 ·219

부록 섬과 섬이 이어지기까지 ·247

1

하고 싶은 것을 할 수 있는 자유

·

광화문 장애인 농성장

만화

앙꼬

1983년 출생 여자.
2002년부터 만화가로 활동하며
단행본 《앙꼬의 그림일기 1,2》, 《열아
홉》, 《나쁜 친구》, 《삼십 살》 등을 출간
했고, 이외에도 다양한 작품 활동을 해
왔다. 2012년 《나쁜 친구》로 '오늘의
우리만화상'을 수상했다.

글

강혜민

인터넷 장애인언론
《비마이너》 기자. 장애인과
분리된 세계에 살다가 2012년 초
연극으로 이들과 만났다. 그 뒤
기자 활동도 하고 연극도 하며
신나게 산다.

대-애박!

백 퍼센트야, 백퍼!

너 좋아하는 거 확실해.

서명해주세요!

장애등급제·부양의무제 페지에 대해
어떻게 생각하십니까?

음, 나는 아니라고 생각해.

나라에서 하는 일이란 게 괜히 있는 게 아니거든.

우리 애 아빠도 사고로 손가락이 하나 없어.

이 사람들이야 안 됐지. 안 됐긴 했지만서도, 그래도 우리 애 아빠,

어디 하나 탓 안 하고 남들보다 몇 배는 열심히 살아.

우리나라 복지가 좀 잘 돼 있어? 난 저렇게까지 하는 건 아니라고 봐…

하. 진짜 재수가 없어서…

솔직히 저런 아줌마들 만나지 않았다면 '장애등급제'가 뭔지도 몰랐을 거예요.

19

저야 평소에도 이런 쪽에 관심이 있는 편이라, 서영이나 할 수 있는건 하려고 노력은 하지만

'장애등급제'라든지 '부양의무제'라는 단어가 너무 어렵잖아요. 그게 뭔지 찾아보기도 전에…

이미 익숙한 저런 문제들도 해결되지 못한 채 만나게 되니까

그래도…   저렇게 농성하시는 모습을 보면…

우리나라가 아직은 살 안하구나, 생각은 들어요.

2014년 4월 17일,
송국현 씨의 집에 화재가 발생했다.

잠깐...

갑시다!

모자 샀어?

어… 마…

엄마가 사줬어?

멋있는데~! 잘 어울린다!

어…

이 잠바도 사줬다고?

어으… 어…

아이고, 국현 씨 일어났네!

어으… 어…

송국현 씨는 말도 할 수 없고, 몸도 잘 움직일 수가 없는데 '장애 3급' 판정을 받았다.

3급 장애인은 '활동보조인'을 지원받을 수 없다.

국현 씨는 '자신은 활동보조인 없이 살 수 없다'며 재심사 해 줄 것을 요구했지만

나라에선 '서류에 써 있는 것으로 보아 당신은 활동보조인 없이 살 수 있다'며 거절했다.

다 왔다. 이제.

불이 켜져 있네. 안 나갔나 보네.

집에 이러고 앉아서 심술부리고 있으면 뭐해... 들어주는 사람도 없는데!

밥에 손도 안 대고... 자기몸만 축나지...

속옷도 다 버리고.

이렇게 해봐요.

나도 국현 씨 맡는 사람 아니잖아... 언제까지 이렇게 해 줄 수도 없고, 어디에다 알을 해야지...

나도 한 명분 받고 퇴근도 제때 못하고, 보통 힘든 게 아냐...

국현 씨는 몇 번이나 '자신은 3급 판정으로는 살 수 없다'며 이의신청을 요구했지만

아... 오늘 다 해결됐음 좋겠다. 그치?

그들은 그의 얼굴 한 번 보지 않고

저는 송국현입니다. 저는 24살에 뇌출혈이 되어 장애를 갖게 되었습니다……

여전히 서류상 문제 될 것이 없다며 거절했다.

... 저는 말을 할 수 없고 오른쪽 팔과 다리를 쓰지 못합니다 ...

그리고 2014년 4월 17일. 송국현 씨의 집에 불이 났다.

국현 씨는 침대 위에서 한 발자국도 움직이지 못한 채 발견되었다.

2012년, 처음 광화문에 농성장이 세워졌을 때,

그들은 자신이 위험한 상황에 처해 있다고 알렸다.

누구도 귀 기울이지 않은 동안 김주영 씨의 집에 불이 났고

부모님이 일하러 나간 사이에 지우, 지훈 남매의 집에 불이 났고

3급 판정을 받고 재심 끝에 등급외 판정을 받은 박진영 씨는 혼자서 살 길이 없어 스스로 목숨을 끊었다.

그리고 송국현 씨의 집에도 불이 났다.

3년 전 아무것도 없던 농성장 맞은편에는

지금 열두 개의 영정사진이 있다.

장애인 농성장 1203일째.

그들은 오늘도 이 사실을 알리고 있다.

이곳의 바깥

강혜민

송국현

    송국현이라는 사람이 있었다. 지적장애가 있던 그는 스물네 살에 뇌출혈로 더욱 중한 장애를 입게 된다. 말할 수 없었고, 오른쪽 팔다리를 쓰지 못했다. 스물다섯 살 되던 해, 가족들은 장애인시설에 그를 맡겼다. 그는 그곳에서 27년을 살았다.

    시설에는 종종 시설 바깥의 삶을 이야기하는 이들이 찾아왔다. 그들 대부분은 그보다 장애가 중했다. 그럼에도 시설 바깥에서 자유롭게 살고 있었다. 그들을 보며 국현은 그 삶을 소망하게 되었다. 가고 싶은 곳을 가고, 컴퓨터를 사용하여 상대방과 이야기하며, 일도 하고, 결혼도 하는 삶. 그리하여 2013년 10월, 그는 장애인단체의 도움으로 쉰둘의 나이에 시설에서 나온다.

하지만 시설 바깥의 삶은 그가 상상하던 것과 많이 달랐다. 장애인단체의 지원으로 살 곳은 마련했으나 그뿐이었다. 혼자선 밥도, 빨래도, 목욕도 할 수 없었고 양치질도 잘되지 않았다. 이동할 땐 휠체어를 타야 하는데 전동휠체어는 조종하기가 어려웠고 수동휠체어는 뒤에서 밀어줄 사람이 없었다. 누군가 필요했다.

이러한 중증장애인의 일상을 돕기 위해 국가가 제공하는 복지서비스가 있다. 2007년부터 시행된 장애인활동보조서비스[1]다. 그러나 2013~2014년 당시 이 서비스는 1, 2급 장애인들만 이용할 수 있었다. 중복 장애 3급(뇌병변장애 5급, 언어장애 3급)인 그는 이용할 수 없었다. 그래서 그는 정부에 등급 재심사를 신청했다. 하지만 결과는 똑같았다. 또다시 중복 3급. '핑크빛' 삶을 꿈꿨는데 현실은 진흙탕이었다. 밤에 잠을 이루지 못했고 우울증이 찾아왔다. 불안은 극에 달했다. 약을 먹어야 겨우 잠을 청할 수 있었다.

----

1) 장애인활동보조서비스는 신체적·정신적 장애로 혼자서 생활하기 어려운 중증장애인의 일상을 돕기 위해 2007년부터 전국적으로 시행됐다. 2007년부터 2010년까지는 장애인복지법에 따라 복지부 사업의 하나로 이뤄졌으며, 2010년 12월 '장애인활동지원에 관한 법률'이 제정된 후에야 안정적인 제도로 정착됐다. 활동보조서비스는 장애인 당사자가 신청해야 이용할 수 있으며, 2012년까지는 장애 1급만 신청할 수 있었다. 이후 제도의 허점이 드러나면서 2013년도엔 1~2급, 2015년 7월부터는 1~3급으로 신청 자격이 확대됐다. 현재 우리나라는 장애인을 1~6급까지 나눠 관리하고 있으며, 1급이 중증이고 6급이 경증이다. 장애인활동보조서비스를 하는 사람을 '활동보조인'이라고 한다.

2014년 4월 10일, 이의신청 차 장애등급 심사를 하는 국민연금공단 장애심사센터를 찾아갔다. 장애인단체와 함께 기자회견을 하면서 그는 억울하다고 외쳤다. 등급 재심사 결과가 나올 때까지 긴급지원을 받고자 했지만 이마저 3급이라는 이유로 받을 수 없었다. '송파 세 모녀 사건'[2]으로 구청에서 복지사각지대 조사를 하고 긴급복지 신청을 받는다기에 이곳 문도 두드려 봤지만 구청은 '조사만 할 뿐 지원할 방법은 없다'고 했다. 결국 그가 받을 수 있는 복지는 월 24시간 제공되는 가사간병서비스뿐이었다. 그러나 이마저도 밤과 주말에는 이용하기 어려웠다. 그날 기자회견에선 언어장애로 말할 수 없는 그를 대신해 한 활동가가 그의 바람을 대독했다.

　　"가고 싶은 곳에 가고 싶습니다. 야학에 가서 공부하고 싶습니다. 꽃구경도 가고 싶습니다. 동료들을 만나러 가고 싶습니다. 모임에서 나들이 갈 때도 같이 가고 싶습니다. 그러나 현실은 핑크빛이 아니라 죽고 싶은 마음뿐입니다. 내가 할 수 있는 것이 아무것도 없다는 것이 너무 슬픕니다."

----

2) 2014년 2월 26일, 서울 송파구 석촌동 한 단독주택 지하 1층에 살던 세 모녀가 번개탄을 피운 채 스스로 목숨을 끊은 사건. 30대 두 딸은 신용불량 상태였고 예순한 살의 어머니가 혼자 식당일을 하며 버는 150만 원 남짓한 수입으로 이들은 생계를 이어나가고 있었다. 그러나 그해 1월 어머니가 사고로 더는 일할 수 없게 되자 생활고에 처하게 된다. 세 모녀는 "주인아주머니께 죄송합니다. 마지막 집세와 공과금입니다. 정말 죄송합니다"라고 적힌 흰 봉투에 70만 원을 남기고 숨졌다. 정부는 이 사건을 복지제도에 대한 홍보 부족으로 일어났다고 판단하고 전국적인 복지사각지대 일제 조사를 시행한다. 그러나 빈곤층 발굴만 할 뿐 실제 지원까지 이어진 것은 20%에 불과했다.

이날 장애심사센터에 이의신청은 끝내 하지 못했다. 수십 명의 경찰이 출입구를 막아섰고, 장애심사센터는 말할 수 없는 그를 대신해 그의 상황을 전해줄 사람들이 들어오는 것도 제한했다. 그야말로 문전박대. 이는 이의 신청을 거부하는 것과 다름없다고 사람들은 항의했지만 상황은 나아지지 않았다. 분하고 치욕스러웠다. 다음을 기약하며 걸음을 돌렸다.

그로부터 사흘 뒤인 4월 13일 일요일 오전 10시 56분. 국현이 사는 집에 불이 났다. 같이 살고 있던 장애인이 그의 활동보조인과 외출하고, 국현을 데리러 오기로 했던 교회 버스가 도착하기 전이었다. 집엔 그 혼자뿐이었다. 불은 열린 방문에서부터 들어왔다. 하지만 그는 누워 있던 침대에서 단 한 발자국도 움직이지 못했다. 창문에서 피어오르는 연기를 보고 119에 신고한 위층 주민이 "안에 누구 있어요?"라고 외쳤지만, 말할 수 없는 그는 답할 수 없었다. 전신 32% 3도 화상. 몸의 3분의 1이 까맣게 탔다. 나흘 후인 17일 새벽 6시 40분, 그는 숨졌다. 세월호 참사가 일어난 다음 날이었다.

여기와 거기

국가는 중증장애인을 위해 각종 복지서비스를 제공하고 있다. 홀로 생활하기 힘든 중증장애인을 위해 활동보조서비스를 제공하고, 장애인연금을 지급하며, 장애인콜택시를 지원한다. 그러나 이러한 복지서비스는 장애등급으로 이용자격을 제한하고 있다. 국현도 장애 3급이라는 이유로 이중 가장 필요한 활동보조서비스를 이용할 수 없었다. 활동보조인이 없으니 요리도 할 수 없었고, 냉장고에서 반찬을 꺼내 먹기도 어려웠다. 화장실을 갈 수 없어 옷에 실례를 하게 되어도 옷을 갈아입을 수 없었다. 한글을 배우기 위해 장애인야학에 갈 때도 누군가의 신세를 져야 했다.

27년을 시설에서 살았던 그의 시간은 27년 전으로 맞춰져 있었다. 밥을 사 먹고 옷을 사 입어야 했지만 '자장면이 500원'이었던 시절만을 기억하는 그에게, 시설에서 장애수당 2만 원으로 한 달을 살았던 그에게 '밥값 5,000원'이란 어마어마한 액수였다. 국현은 기초생활수급자[3]로 수급비를 받고 있었으나 자신에게 들어온 이 돈을 감히 쓰지 못했다. 집 바깥에 있다가 사람들이 "밥 먹자"고 할 때면 그는 늘 "밥 사 먹을 돈이 없다"며 집에 가겠다고 했다. 그와 함께 체험홈[4]에 사는 이가 생활비로 한 달에 5만 원씩 내자고 했지만 그 역시도 "돈이 없다"며 고사했다. "돈이 없다." 그가 습관처럼 늘 하던 말이었다. 그러나 사실 그에게 돈이 아예 없었던 것은 아니다. 시설에서 나온 후, 그는 매달 기초생활수급비와 장애인연금을 받고 있었다. 사망 후 그의 통장에 남아 있던 돈은 무려 200여 만 원. 그는 6개월 동안 거

----

3) 국민기초생활보장법에 따라 부양의무자가 없거나, 부양의무자가 있어도 부양능력이 없거나 부양받을 수 없는 사람 중 소득인정액이 최저생계비 이하인 사람은 급여를 받을 수 있는 자격이 주어진다. 그 급여를 받는 사람을 기초생활수급자라고 한다. 국현이 사망하던 2014년 당시 기초생활수급비 1인 현금 급여는 한 달 48만8,063원이었다. 국현은 시설로 보내지면서 부양의무자인 가족과 단절되어 기초생활수급비를 받고 있었다.

의 돈을 쓰지 않았다. 아니, 어디에 어떻게 써야 하는지를 몰라 남겨진 돈이었다. 27년간 사회와 격리된 채 시설에서 살았던 그는 돈으로 필요한 것들을 사고, 그것으로 자신의 삶을 꾸려나가는 방법을 알지 못했다. 그리하여 처음부터 배워야 했다. 그에겐 그러한 것을 연습할 시간이 필요했다.

그러나 국현과 같은 사고가 나면 사람들은 말한다. "그러게, 장애인이 왜 시설에 있지 않고…." 장애인은 시설에서 사는 게 당연하다고 생각하는 거다. 그래서 사람들은 장애인에게 "시설에 가면 먹여주고 재워주지 않느냐. 몸도 불편한데 편하게 시설에 들어가 살라"고 한다. 그런데 딱 그 정도다. 먹여주고 재워주는 것까지만.

국현이 삶의 절반을 살았던 장애인시설도 그런 곳이었다. 장애인시설을 '좀 아는' 사람들은 '산 좋고 물 좋은' 곳에 시설이 있다고 말한다. 시설은 도시가 아닌 시골에, 그것도 첩첩산중으로 은폐된 곳에 있다. 비장애인들의 시

----

4) 중증장애인이 장애인시설이나 집 안에 갇혀 살지 않고 자신의 의지대로 스스로 선택하고 결정하며 살아가는 삶을 자립생활(Independent living)이라고 한다. 이러한 별도 용어의 존재는 그만큼 비장애인에겐 '당연한' 삶이 중증장애인에겐 '당연하지 않음'을 드러낸다. 이는 현재 우리나라 장애인복지정책이 여전히 '시설 중심'인 이유도 있다. 중증장애인이 시설이 아닌 지역사회에서의 삶을 살고자 하는 것을 '탈시설-자립생활운동'이라고 하며 한국 장애인계에선 2000년대 초반부터 자립생활운동이 시작됐다. 이러한 중증장애인의 자립생활을 지원하는 곳이 장애인자립생활센터다. 장기간 시설이나 집에서만 생활하여 사회와 단절된 삶을 살았던 중증장애인이 사회에 잘 적응할 수 있도록 임시적으로 머물며 '자립생활'을 연습하는 공간을 체험홈이라고 한다. 27년간 시설에서 살다 나온 국현이 살았던 곳이 체험홈이다.

선으로부터 철저히 감추어진 그곳엔 수십, 때로는 수백 명의 장애인이 함께 산다. 국현이 살던 음성 꽃동네엔 4,000여 명의 장애인과 노숙인 등이 살고 있었다. 그곳에서 그는 다른 여러 사람과 함께 한 방을 써야 했고 새벽 5시에 아침을, 오전 11시 30분에 점심을, 오후 4시 30분에 저녁을 먹어야 했다.

그곳에서 사람은 사물이 된다. 그곳은 사람이 자신의 삶을 기획하며 살아가는 능력을 소멸시킨다. 시설 관리자들이 주는 것만을 먹고 그들이 입혀주는 것만을 입을 수 있으며 외부에서 사람이 오면 그들이 데려다주는 곳으로만 이동(여행)할 수 있다. 본인의 자유의지란 없다. 과거 시설에서 오래 살다 나온 한 중증장애인은 시설에 대해 "어제는 오른쪽 벽 보고 오늘은 천장 보고 내일은 왼쪽 벽을 보는 곳"이라고 했다. 또 다른 이는 "오늘이 어제 같고 내일이 오늘 같은 곳"이라며 "먹기 싫은데 나중을 생각해 꾸역꾸역 밥을 먹어야 하는 곳"이 시설이라고 했다. 시설에서 나와 사는 그에게 시설 바깥의 삶이란 "배고플 때 밥 먹을 수 있고 배부르면 안 먹을 수 있는" 것이었다.

국현은 그래서 시설을 나왔다. 27년간의 시설 생활은 단 하루로 압축할 수 있을 만큼 반복적이었다. 바깥의 시간이 흐른다면 시설의 시간은 고여 있었다. 그 응고된 시간을 다시 흐르게 해야 하는데 멈춘 지 너무 오래된 시간은 깨어나는 데 더뎠다. 그에게는 세상과의 주파수를 맞출 시간이 필요했고, 실제로 그는 아주 천천히 변해가고 있었다. 그가 자신의 지역사회 생활을 지원했던 장애인자립생활센터 사람들에게 1만 원어치 떡볶이를 쏘고, 야학 선생님께 잘 보이고 싶다며 새 옷을 사 입던 날이 있었다. 사고 나기 며칠 전의 일이다.

　하지만 그는 이곳에서 고작 6개월만을 살 수 있었다. 만약 그에게 시간이 조금 더 있었다면 어땠을까. 그날, 그의 곁에 활동보조인이 있어 화재를 초기에 진화할 수 있었다면. 활동보조인이 그를 서둘러 휠체어에 태워 집 밖으로 빠져나올 수 있었다면. 방문으로부터 불이 들어오고 주변이 까만 그을음으로 가득 채워지고 마침내 자신의 등에 불똥이 떨어졌을 때, 바깥에서 들려오는 누군가의 외침, "안에 누구 있어요?" 이 물음에 응답할 수 있었다면.

　아니, 그 순간 그는 최선을 다해 대답했는지도 모른다. 지난 6개월 동안 매일 그러했듯, 이곳에서 살기 위해. 그 침대 위에서 덮쳐오는 불을 응시하며, 그 불을 온몸으로 받으며. 목소리를 듣지 못한 건 이 사회였다. 비장애인을 '정상성'이라는 척도의 중심에 놓고 그 기준에서 조금이라도 어긋나면 '비정상'이라는 딱지를 붙이는 이 사회는 온갖 '비정상'들을 사회 바깥으로 추방했다. 그렇게 '그들'을 시설에 가뒀다. 국현도 마찬가지였다. 장애가 있다는 이유만으로 사회 바깥으로 추방됐던 그는 27년 만에 추방되기 전의 땅으로 돌아와 다시 살아가고자 했다. 여기가 그의 고향이었다. 그러나 그는 이곳에서의 삶을 또다시 거부당했다.

　사회는 여전히 장애인이 시설 바깥에서 살기엔 제도가 준비되지 않았다고 한다. 아니다. 이 사회에 장애인이 보이지 않기에 애초에 사회는 그들과 함께 살아가기 위한 삶의 제반 조건들에 대해 고민하지 않아도 되었던 것뿐이다.

사람들은 장애인에게 "왜 위험하게 돌아다니느냐"고 한다. 그래서 보호를 이유로 울타리를 치고 그들을 '안전지대'로 몰아넣는다. '오직 이곳만' 안전하기에 울타리엔 자물쇠가 걸린다. 바깥은 장애인에게 위험하다. 그리하여 그들을 보호하는 이들은 자신들 주머니 속에 열쇠를 숨긴다.

그러나 사람이 그러한 곳에 사는 게 어찌 당연한가. 자기 삶의 주권을 타인에게 양도할 수 있는가. 질문의 방향을 당신께 돌려본다. 당신은 밥만 먹여주고 재워주면 만족하는가? 당신의 의지와 상관없이 새벽 5시에 아침을, 오전 11시 30분에 점심을, 오후 4시 30분에 저녁을 먹어도 괜찮은가.

장애인은 응당 그래도 괜찮다, 라는 의식 속엔 장애인을 시혜와 동정의 대상으로 바라보는 시각이 존재한다. 사람들은 정상성의 기준에서 벗어나는 장애인의 신체적·정신적 다름만을 보고 그들이 무언가 결핍된 사람이라고 생각한다. 장애인도 당신과 같이 의지가 있고 당신과 같이 어떠한 것을 요구할 수 있는 사람이라고는 생각지 않는다. 그렇게 당사자의 발언은 거세된 채 그들을 대리하는 대리자의 얼굴만이 자물쇠가 걸린 철문 앞에 선다. 여기서부터 장애인시설은 극단적인 두 얼굴을 갖게 된다. '아름'답거나, 끔찍하거나.

자물쇠 뒤편에서 수런거리는 모든 비명을 대신해 대리자들의 선하고 착한 언어가 사회 속으로 흘러들어간다. 그저 보호만이 필요한 이들을 위해 봉사의 손을 내줄 것을 요청하는 말이다. 사람들은 이에 기꺼이 응답한다.

선한 마음에 장애인을 위해 봉사하는 사람들은 자신이 몸을 씻기는 장애인이 무조건 기뻐하고 감사하리라 생각한다. 뒤틀린 몸으로, 온몸으로 웃는 그를 욕심 모르는 '천사 같은' 사람이라고 사람들은 생각한다. 단 한 번도 본 적 없는 사람들 앞에서 알몸을 노출했을 그의 수치심 따윈 감히 상상치 못한다. 그래서 장애인시설 이름 중엔 유독 사랑의 집, 천사의 집이 많다. 그 안에서 장애인은 당신과 같은 한 인간이기보다 봉사하는 사람의 선함을 드러내기 위한 수단에 가깝다.

반면, 인간을 인간 자체로 바라보지 않는 시각은 끔찍한 폭력도 불러온다. 노동착취, 성폭행, 훈육이라는 이름의 폭력과 학대. 2014년 전남 신안의 복지원에선 직원들이 지적장애인들을 개집에 감금하고, 훈육을 이유로 발목에 쇠사슬을 묶어둔 채 밥을 먹이고 잠을 재운 사건이 있었다. 2015년 1월 28일, 인천 해바라기 시설에 살던 한 20대 지적장애인은 온몸에 피멍이 든 채, 의식을 잃고 병원에 실려온 지 35일 만에 사망했다. 그 역시 시설에서 재활교사들에게 훈육이라는 명목으로 폭행을 당했다.

사회는 2011년 개봉된 영화 〈도가니〉로 화제를 모았던 광주 인화학교를, 2014년 '신안 염전 노예' 사건을 기억한다. 그사이에도 크게 이슈가 되지는 못했으나 크고 작은 장애인시설 문제가 각 지역의 이름을 달고 '○○판 도가니'라는 이름으로 언론에 보도됐다. 이렇듯 단발적 사건으로 보였던 사건들 기저엔 장애인을 존엄한 한 사람으로 보지 않는 사회적 시각이 깊게 뿌리박혀 있다. 그리고 장애인은 바로 그 시선에 갇힌다. 장애인시설은 그 시선을 물리적으로 구축한 공간이다. 그 공간에서 학대와 성폭력이 일어나는 건 지극히도 당연했다. 유통기한이 한참 지난 음식을 먹이는 것, 반찬들을 믹서에 갈아 한입에 떠먹이는 것, 칸막이 없는 화장실에서 대소변을 보게 하는 것, 이 모든 게 그곳에선 괜찮고 가능한 일이었다.

그래서 국현은 나오고 싶었고 다신 돌아가고 싶지 않았다. '그렇게 살 바에야 시설로 돌아가면 되지 않느냐'가 아니라, 그럼에도 불구하고 돌아가고 싶지 않은 곳이 시설이었다. 불안에 처박히더라도 불안할 수 있는 것조차 자유의 떨림이기에.

그는 아마 다른 삶을 살고 싶었을 것이고, 어떠한 희망을 품었으리라. 27년 동안 살았던 곳에서 전혀 다른 낯선 세계로의 이주를 택했을 그 마음을, 우린 감히 짐작할 수 없다. 봄·여름·가을·겨울을 느끼는 것, 봄에 꽃구경을 가고 여름엔 바다에 가보는 것, 기어코 한글을 배워 길거리에 쓰인 간판을 읽고 자기 이름으로 된 통장을 가져보는 것, 사랑하는 이를 만나 결혼하는 것까지. 그렇게 국현은 평범한 일상을 살아보고 싶었다. 시설에선 절대 누려보지 못할 그런 일상을.

빈곤의 최전선, 국가는 없다

여전히 수많은 '국현들'이 시설에 있다. 그들 중엔 시설이 온 세계인 사람도 있고, 시설 바깥으로 나오고 싶어 하는 이도 있다. 시설에서 나오고 싶은 이들은 어떻게 해야 할까. 이들은 일하여 먹고 사는 것이 불가능하다. 그러나 노동하지 못하면 인간은 존엄하지 않은가. 그러한 이유로 자유를 박탈당해도 괜찮은가. 그렇지 않다면, 이 삶은 누구에 의해 보장받아야 하는가. 가족? 이웃? 국가? 그 책임은 누구의 몫인가.

시설에서 나온 장애인들에게 꼭 필요한 것이 있다. 바로 활동보조서비스와 기초생활수급비다. 그러나 장애인을 시혜와 동정으로 바라보는 사회에선 장애인에게 주어지는 복지도 시혜와 동정의 수준이다. 활동보조서비스를 비롯한 장애인복지는 장애등급제에 가로막히고, 기초생활수급 자격은 부양의무자 기준에 걸려 좌절된다.

현재 장애인복지는 의학적 기준으로 나뉜 6개의 등급에 따라 제공된다. 같은 등급이어도 장애 유형, 장애 정도, 소득 수준 등이 다르지만 이는 전혀 고려되지 않는다. 지체장애 1급과 시각장애 1급, 지적장애 1급이 필요로 하는 복지가 다르고, 같은 지체장애 1급이어도 대학교수와 기초생활수급자가 필요로 하는 복지가 다름에도 같은 '장애 1급'이라면 동일한 수준의 서비스가 제공된다. 또한, 장애등급이 장애인의 복지수급 여부를 결정하는 기준이라면 객관적이고 공정한 판단이라는 믿음이 있어야 하는데 그렇지 못하다. 현재 장애등급은 의료기관의 의사가 내린 소견서를 바탕으로 국민연금공단의 장애심사센터가 결정하고 있다. 심사 과정 자체가 받는 사람(장애인)의 필요를 고려하기보다 주는 이(국가)의 편의에 맞춰져 있는 거다. 이러한 구조 속에서 장애등급이 결정되니, 이 등급은 객관성의 지표라기보다 장애인복지예산을 조율하기 위한 척도에 지나지 않게 된다. 마치 침대 길이에 맞춰 사람의 신체를 자르고 늘렸던 그리스신화의 '프로크루스테스의 침대'처럼. 그래서 국현은 일상생활에 타인의 도움이 절실했지만 장애 3급이라는 이유로 활동보조서비스를 신청조차 하지 못했다. 서비스는 필요에 따라 주어지는 것이 아니라 등급에 따라 결정된다. 이것이 장애등급제로 이뤄져 있는 장애인복지의 문제점이다.

기초생활수급비는 어떤가. 장애인시설에 사는 장애인 대부분이 시설에 보내지는 순간부터 가족관계가 단절된다. 시설의 요구로 단절되는 경우도 있고, 가족이나 장애인 당사자가 연락을 원치 않는 경우도 있으며, 오랜 시간 시설에 수용되어 있다 보니 자연스레 연락이 끊기는 경우도 있다. 문제는 실제로는 연락이 단절됐는데 서류상에는 '부양의무자'로 부모가 존재하는 경우다. 국민기초생활보장법(이하 '기초법')에 따르면 '1촌 직계혈족 및 그 배우자'가 부양의무자다. 즉, 부모와 자식, 부부 사이엔 서로에 대한 부양의무가 있다. 수급비는 부양의무자가 없거나, 부양의무자가 있어도 부양능력이 없거나 부양받을 수 없는 사람 중 소득인정액이 최저생계비 이하인 사람만 준다. 조건이 까다롭다. 따라서 시설에서 나와 수급자가 되려고 해도 부모가 살아있다면 부모 소득을 통해 자신의 수급 여부가 결정된다. 서류상엔 부모가 존재하나 실제로는 가족관계가 단절되었다면, 각종 서류를 통해 가족관계 단절 여부를 자신이 증명해야 한다.

장애인시설에서 27년을 살다 2009년 사회에 나온 영우(뇌병변장애 1급, 43

세, 가명)는 아버지로부터 어떠한 지원도 받지 못하고 있지만, 아버지가 있다는 이유만으로 부양의무자 기준에 따라 수급비를 받지 못하고 있다. 아들을 자립할 수 있는 한 사람으로 보지 않는 아버지는 아들이 다시 시설에 들어가길 원한다. 그러나 영우는 자신을 그러한 시선으로 보는 아버지를 마주하고 싶지 않을 뿐더러 다신 시설에 가고 싶지 않다. 그가 시설에서 나온 6년 동안 두 사람은 단 한 번도 마주한 적이 없다. 그는 아버지로부터 어떠한 경제적 지원도 받지 못하지만, 서류상에 부양의무자가 존재한다는 이유로, 부양의무자인 아버지가 가족관계단절확인서를 써줄 수 없다는 이유로 기초생활수급비를 받지 못하고 있다. 마땅히 일할 곳도 없는 영우는 여전히 주변 사람들의 도움으로 살아간다.

그러나 이는 비단 장애인에 국한되지 않는다. 가난한 이들 전체에 대한 이야기다. 2014년 기초생활수급자는 기초법이 시행된 2002년 이후 사상 최소치인 134만3,000명을 기록했다. 학계에선 기초법 사각지대의 빈곤층을 400여 만 명으로 추산하며, 이중 부양의무자 기준으로 수급자가 되지 못하는 이는 117만 명(2010년 기준)에 달한다고 보고 있다.

가난해졌을 때, 혹은 나이가 들어 더는 노동할 수 없을 때, 당신은 가족과 국가 중 누구에게 부양받고 싶은가. 국가는 국민 정서인 효(孝) 사상에 위배된다는 이유로 부양의무자 기준을 폐지할 수 없다고 한다. 그러나 국가가 가족에게 가하는 이러한 '의무'가 오히려 가족관계를 파괴한다. 복지수급자들은 부양의무자가 자신을 부양할 수 없음을 끊임없이 증명해야 한다. 부양의무자로 지목된 이들은 부모 혹은 자식을 부양할 수 없다며, 관계가 단절된 지 오래되었다며 자신을 변호해야 한다. 그리고 그 증거로 가족관계단절확인서를 써야 한다. 복지는 치욕의 대가다. 제도 앞에 벌거벗겨진 뒤에야 복지는 간신히 주어진다. 그리하여 어떤 이는 스스로 떠난다. 치욕을 감당할 수 없어서, 혹은 제 죽음으로 당신을 살리기 위하여. 가난한 이가 부양의무를 다하는 방법은 죽음뿐이다.

2013년 9월, 신부전증으로 요양병원에 입원해 있던 50대 아버지는 큰딸의 취직으로 기초생활수급자에서 탈락하자 딸에게 짐이 되기 싫다며 스스로 목숨을 끊었다. 그는 수급 자격이 박탈되면서 매달 100만 원이 넘는 병원비를 부담해야 했다. 2012년 8월, 경남 거제시청에서 한 할머니가 음독자살했다. 사위 소득으로 수급비가 깎여서다. 유서엔 "법도 사람이 만든 것일진대 어찌 이럴 수 있느냐"고 물었다. 2010년 10월엔 발달장애 아들을 둔 일용직 아버지가 부양의무자 기준으로 아들이 수급권을 받을 수 없자 목숨을 끊었다. 유서엔 "아들이 나 때문에 못 받는 게 있다. 내가 죽으면 동사무소 분들이 혜택을 받을 수 있도록 잘 부탁한다"고 적혀 있었다. 유서는 벼랑에 서 있던 자가 내지른 비명이었다.

추방당한 땅으로, 다시

사건은 파편처럼 이곳저곳에서 튀었다. 인간이 만든 법이 인간을 죽이고 있었다.

2012년 8월 21일 오후 2시경, 서울 광화문역에 휠체어를 탄 수십 명의 장애인이 모여들었다. 전국장애인차별철폐연대로 대표되는 장애인운동 진영에 속한 이들로 오랜 시간 시혜와 동정이 아닌 권리로서의 복지를 이야기해왔다. 그러나 그날, 그보다 더 많은 수의 경찰이 방패를 들고 이들의 이동을 막았다. 경찰은 휠체어를 탄 장애인이 이동할 수 있는 모든 통로를 차단했다. 엘리베이터, 휠체어 리프트, 에스컬레이터. 그러나 계단은 열어두었다. 걸을 수 있는 이들만이 계단을 통해 갈 수 있었다. 장애인들은 휠체어에서 내려 계단을 기었다. 이날 기어가는 행위는 더 이상 '구걸'이 되지 않았다. 이 사회의 불투명한 일상의 비닐을 찢고 그들은 얼굴을 내밀었다. '몸의 다름'으로 비가시적 존재가 되었던 이들이 자신의 몸을 적나라하게 드러내는 방식으로 싸움을 걸어왔다. 그들은 장애인이어서 차별받는 것이 아니라 사회적 조건들로 인해 차별받아 장애인이 되는 것이라고 했다. 다양한 몸을 가진 사람들과 함께 살아갈 수 없게끔 만들어진 사회적 조건들 때문에 추방당했던 그들이 추방당한 땅으로 돌아왔다. 싸움은 그렇게 시작됐다. 화장실도 가지 못한 채 11시간 넘게 대치하는 상황이 이어졌다. 결국 그날 자정이 지나서야 그들은 광화문역사 바닥에 스티로폼 은박 깔개를 깔고 몸을 뉘일수 있었다. 장애등급제·부양의무제 폐지를 위한 무기한 농성의 시작이었다.

이들은 '살기 위해' 요구했다. 장애인을 등급으로 나누지 말고, 장애인의 삶을 바라보고 복지를 제공하라고 국가에 요구했다. 또한 가난한 이를 가족이 아닌 국가가 책임져야 한다고 말했다. 현재는 장애등급과 부양의무자 기준이 복지수급에 대한 장벽으로 존재한다. 사실, 이 모든 것들은 계속 시설에 산다면 필요 없는 것들이다. 하지만 더는 장애가 있다는 이유로 시설에 가지 않기 위해, 가난을 이유로 더는 죽지 않기 위해 이 모든 것이 필요했다.

2012년 대선 당시, 모든 대통령 후보들이 '장애등급제 폐지'를 공약으로 내걸었다. 박근혜 대통령 또한 약속했다. 그러나 그 약속은 산산이 파기됐고 그사이 셀 수 없는 수많은 숨들이 가라앉았다. 활동보조인이 없는 사이 발생한 화재를 피하지 못해서, 발달장애인을 가족이 감당하지 못해서, 그저 가난하고 가난해서. 가난과 장애를 낙인으로 품은 사람들이 죽음의 한 귀퉁이를 차지했다.

현재 장애등급제를 폐지하라는 장애인계의 요구에 정부는 등급 대신 중·경중으로 단순화하겠다고 한다. 장애인복지예산의 가장 큰 부분을 차지하는 활동보조서비스와 장애인연금 수급 여부가 3급을 기준으로 나누어지고 있는 것을 고려하면, 중·경중 단순화는 결국 껍데기만 바꾸는 것에 불과하다. 부양의무제 폐지 역시 진척이 없다. 오히려 가난한 이들의 마지막 보루였던 기초생활보장제도는 2014년 12월 '개악'되어 산산이 찢겨 나갔다. 정부는 개정 전 지급 기준이 됐던 최저생계비를 없애고, 기초생활수급비를 구성하는 항목별로 급여를 조각냈다. 정부는 이로써 가난한 이들을 더욱 품을 수 있다고 홍보했으나 전문가들은 '거짓말'이라고 비판한다. 실제 받는 사람 입장에선 더 복잡하고 까다로워졌다. 기존에 이의신청을 할 땐 복지부

한 곳에만 이야기하면 됐는데 이젠 수급비를 구성하는 급여별로 담당 부처가 쪼개졌으니 이의신청도 어려워졌다.

정부는 매일 '복지 확대'를 이야기하지만 정작 빈곤의 최전선에 놓인 이들은 복지를 체감할 수가 없다. 가난 때문에 삶에서 느끼는 비애는 오히려 더욱 짙고 깊어졌다. 광화문역 장애등급제·부양의무제 폐지 농성장은 바로 그것을 증명한다. 가난하고 장애가 있다는 이유만으로 내동댕이쳐진 몸뚱아리들의 집합소. 저 스스로 버틸 힘이 없어 죽어버린 사람들. 광화문역 농성장엔 그 얼굴들이 있다.

당신의 얼굴

농성 3개월이 지났을 무렵인 2012년 10월 26일 밤 11시, 서울 성동구의 한 연립주택에서 불이 났다. 그곳엔 오른손과 목 위만 움직일 수 있는 중증장애여성 김주영이 살았다. 그녀는 활동보조인 없이 일상생활이 불가능했지만 당시 활동보조서비스는 하루의 절반만 지원됐다. 그래서 밤에는 늘 혼자였고, 그날도 그런 날 중의 하루였다. 그런데, 불이 났다. 119는 5분 만에 도착했고 불은 9분 만에 진화됐지만, 스스로 움직일 수 없었던 그녀는 그 자리에서 질식사했다. 그녀가 누워있던 자리에서 현관문까지는 고작 다섯 발자국.

그녀는 오래전부터 이 싸움에 함께했던 장애인활동가였다. 그런데 싸우고 있던 바로 그 이유로 그 자신이 죽었다. 그녀의 사망 일주일 뒤 인천 송도에선 UNESCAP(국제연합 아시아 태평양 경제사회위원회) 정부 간 고위급회의가 열렸다. 그와 함께했던 장애인활동가들은 UNESCAP 회의가 열린 곳을 점거한 채 복지부 장관에게 사과를 요구했다. 그러나 복지부 장관은 사과하지 않았다. 한 달 후, 사람들은 국회 정론관을 점거하고 정부에 그녀의 죽음에 대한 책임을 물었다. 그 결과 이듬해 활동보조서비스 예산이 730억 원 증액되고[5] 활동보조 신청 자격은 기존 1급에서 2급으로 확대됐다. 주영은 농성장에 영정으로 돌아왔고, 또다시 농성은 이어졌다.

그러다 2013년 어느 날, 늘 농성에 함께했던 이가 보이지 않았다. 연락 끝에 닿은 소식은 그가 이미 죽었다는 것. 2013년 11월 25일 사망한 김준혁은 언어장애와 지적장애가 있었다. 기초생활수급자였던 그는 일하고 싶어 했지만 소득이 생기면 수급에서 바로 탈락하기에 일자리를 가질 수 없어 늘 힘들어했다. 그리고 바로 그 얼마 안 되는 수급비 때문에 아파도 병원에 가지 못했다. 의료급여수급자지만 건강보험이 되지 않는 비급여 항목이

----

5) 활동보조서비스 예산은 2012년 3,098억7,000만 원에서 2013년엔 3,828억7,000만 원으로 증액됐다. 당시 정부는 2012년 예산 대비 3.7%만을 증액한 예산안을 내놨으나, 국회 보건 복지위원회에선 최중증·독거 장애인 가구에 24시간 활동보조서비스를 제공하겠다며 정부 예산안보다 1,535억9,400만 원(약 50%)을 증액한 수정안을 통과시켰다. 그러나 국회 예산결산특별위원회를 거치며 결국 조정되어 2013년 예산은 애초 정부안보다 615억 원 증액된 3,828억7,000만 원으로 확정됐다.

많았기 때문이다. 오랜 고통에도 병원에 가지 못해 맹장염은 복막염이 됐고, 그는 결국 수술 후 패혈증 쇼크로 숨졌다.

그 후에도 농성은 일상처럼 이어졌다. 그러다 2014년 4월, 그해 봄이 까맣게 그을렸다. 국현의 죽음은 정확히 1년 반 전, 주영의 죽음에 대한 기억과 고통과 끔찍함과 채 소화되지 않은 응어리진 울음을 되살렸다. 다신 일어나지 말았어야 할 일이 반복되고 있었다. 사람들은 국민연금공단 장애심사센터를 찾아가고, 복지부 장관 집 앞을 찾아가고, 1인 시위를 하고, 국가인권위원회 앞에 농성장을 차리고, 도로를 점거하는 방식으로 이 죽음을 알려 나갔다. 농성은 그들 나름의 애도의 방법이었고, 그 죽음을 알리는 것이 살아있는 이들의 몫이었다. 그러나 끝내 복지부 장관은 이 죽음에 '유감'이라고만 답했다. 사과는 하지 않았다. 그리고 다음 해인 2015년 활동보조 서비스 신청 자격이 2급에서 3급으로 확대됐다.

그 시간에도 광화문역 지하 장애등급제·부양의무제 폐지 농성장은 계속 이어졌다. 농성장을 지키는 이들은 지나가는 시민들의 서명을 받고, 어느덧 열두 개로 늘어난 영정을 매일 정성스레 닦는다. 농성장을 사수하기 위해 지방에서 사람들이 매일, 매주 올라온다. 그리고 광화문역사 천막 안 꺼지지 않는 불빛 아래서는 매일 누군가가 농성장의 밤을 지킨다. 그들이 자신의 일상에서 이곳에 도착하기까지는 오랜 시간이 걸렸다. 아침에 하루를 시작하기 위해 그들이 제일 먼저 하는 일은 활동보조인을 기다리는 일이다. 활동보조인이 온 뒤에야 식사를 하고 화장실에 가고 옷을 갈아입을 수 있으며, 그와 함께 집을 나설 수 있다. 서울 광화문으로 가는 지하철 혹은 저상버스나 장애인콜택시를 기다리며, 수많은 사람의 차별적 시선을 온몸으로 받아내고서야 이곳에 도착할 수 있다. 그렇게 도착한 여기에서 그들은 열두 개의 영정을 마주한 채 시민들에게 지금-여기의 장애인 현실을 알린다. 3년 넘게 지속된 광화문역 장애등급제·부양의무제 폐지 농성장은 그러한 하루들로 꼬박 채워졌다. "단 하루도 의미 없는 날이 없었다."

이곳을 지키는 사람들은 싸움을 시작할 때만 해도 이렇게 수많은 영정이 놓일 줄은 몰랐노라고 고백한다. 이중 절반은 이 싸움에 함께했던 벗들이다. 그래서 참혹하다. 마음에 무덤이 들어선다. 그럼에도, 그럼에도 불구하고 응시할 수밖에 없다. 이 죽음을, 이 삶을. 지금 자신의 삶이, 벗의 죽음이 싸움의 근거가 되기에. 그렇게 삶과 죽음, 그 사이를 돌진하듯 하루를 산다.

▶◀ 열두 개의 영정

김주영(뇌병변장애 1급, 33세). 광화문역 농성장이 들어서고 3개월 후인 2012년 10월 26일, 활동보조인이 없는 새벽에 발생한 화재를 피하지 못하고 그 자리에서 숨졌다. 그녀는 최중증장애인이 받을 수 있는 최대치의 시간을 받고 있었지만 그마저도 월 360시간밖에 되지 않았다. 하루의 절반은 활동보조인 없이 지내야 했다.

파주 남매 박지우·박지훈. 김주영 사망 사흘 뒤인 10월 29일, 부모님이 일하러 나간 사이 발생한 화재로 파주에 살던 장애 남매가 숨졌다. 열세 살 지우는 ADHD(주의력결핍 과잉행동장애)가 있었고 열한 살 지훈은 중복 장애 1급(뇌병변장애 1급, 청각장애 2급)이었다. 장애 1급인 지훈은 활동보조서비스를 받을 수 있었으나 등급 재심사에 드는 비용, 활동보조 이용에 발생하는 본인부담금, 성인에 비해 턱없이 짧은 이용시간 등을 이유로 활동보조서비스를 신청하지 '못'했다. 가난 때문에 맞벌이해야 하는 부모를 대신해 열세 살 누나가 온전히 동생을 돌봐야 했다.

원주 귀래 사랑의 집 피해자 장성아·장성희. 미인가 장애인시설인 원주 귀래 사랑의 집 장아무개 씨는 30여 년간 장애인 21명을 친자로 등록하여 이들의 수급비를 가로채고 폭력과 학대를 일삼았다. 2012년 이 사건이 세상에 알려졌을 땐 서류상에 등록된 21명의 장애인 중 네 명만이 장 씨와 함께 살고 있었으며 병원엔 장 씨 자녀로 등록된 장애인 시신 두 구가 10년 넘게 방치되어 있었다. 장성아 씨는 사랑의 집에 살던 네 명의 지적장애인 중 한 명으로 사랑의 집에서 나온 뒤 이뤄진 건강검진에서 직장암 말기 진단을 받고 2013년 1월 26일 사망했다. 발견 당시 이미 암은 깊게 진행됐지만 그동안 치료받은 기록은 없었다. 사망 뒤 12년 동안 방치되어 있던 장성희 씨 장례도 2014년 1월 23일 치러졌다. 법원에서 장 씨에게 시체유기라는 판결을 내린 덕분이다.

박진영(간질장애, 39세). 2013년 7월 3일, 기초생활수급 박탈 위기에 처한 박진영 씨가 경기도 의정부시 주민센터에서 자신의 흉부를 칼로 찔러 자결했다. 간질장애(현 뇌전증장애)가 있던 그는 장애등급 의무 재판정 결과 3급에서 4급으로, 결국엔 '등급 외(어떠한 등급도 받지 못함)'로 하락했다. 현행 기초생활보장제도에서 장애 1~4급은 일할 능력이 없는 것으로 보나 5~6급이나 '등급 외'는 근로능력이 있는 것으로 판단하여 별도의 평가를 받아야 한다. 그의 유서엔 장애등급 판정에 대한 분노와 억울함이 적혀 있었다.

김준혁(언어장애와 지적장애로 중복 장애 3급, 33세). 2013년 11월 25일, 복막염으로 수술했으나 패혈증 쇼크로 사망했다. 그는 일하고 싶어 했지만 수입이 생기면 기초생활수급에서 탈락하기에 일할 수 없었다.

송국현(뇌병변장애와 언어장애로 중복 장애 3급, 52세). 2014년 4월 13일 오전, 집에 홀로 있다가 불이 났다. 전신 32%의 3도 화상을 입은 그는 나흘 후인 17일 숨졌다. 그는 오른쪽 팔다리 마비로 움직이기 힘들고 언어장애로 말할 수 없었지만 장애 3급이라는 이유로 가장 필요했던 활동보조서비스를 받지 못했다.

오지석(지체장애 1급, 32세). 2014년 4월 16일, 활동보조인이 퇴근하고 어머니가 어깨통증 치료를 받으러 집 앞 병원에 간 사이, 인공호흡기를 사용하는 중증의 근육병 장애인 오지석 씨의 인공호흡기가 고장났다. 그때 그의 곁엔 아무도 없었다. 그는 병원으로 긴급 후송됐지만 6월 1일 결국 숨졌다. 그는 어머니와 함께 살고 있다는 이유로 최중증장애인이 받을 수 있는 활동보조서비스 최대치를 받지 못했다. 그가 활동보조인을 쓸 수 있는 시간은 하루 최대 9시간으로 나머지 15시간은 어머니가 그를 돌봐야 했다.

박홍구(뇌병변장애 3급, 39세). 2014년 12월 24일, 서울의 한 호프집에서 불이 났으나 안쪽에 있던 그는 불을 피하지 못하고 끝내 숨졌다.

최종훈(지체장애 2급, 46세). 2002년 희귀병인 항인지질항체증후군으로 뇌졸중을 겪고 장애를 입은 뒤 충북 음성 꽃동네에 입소했다. 그는 그곳에서 국현을 만났다. 그러던 중 2010년 장애인단체 지원으로 자립생활을 시작했으나 시설에서 나오자마자 지병이 재발했다. 그러나 기초생활급여 수급 재심사로 의료급여가 지원되지 않아 어려움을 겪었고, 그가 시설을 나왔을 당시엔 활동보조서비스가 2급에겐 지원되지 않아 서비스를 받지 못했다. 그는 2014년 12월 31일 지병 악화로 끝내 숨졌다.

이아무개(지적장애 1급, 28세). 인천의 해바라기 시설에 살던 그는 온몸에 피멍이 든 채 의식을 잃고 병원에 실려온 지 35일 만인 2015년 1월 28일 사망했다.

2012. 8. 8.   장애등급제 · 부양의무제 폐지 공동행동(이하 '공동행동') 출범 기자회견.

2012. 8. 21.   공동행동, 장애등급제 · 부양의무제 폐지를 위한 광화문역 무기한 농성 돌입.

2012. 10. 26.   김주영, 집에 홀로 있던 사이 발생한 화재를 피하지 못하고 사망.

2012. 10. 29.   파주 장애 남매 박지우 · 박지훈, 부모님이 일하러 간 사이 화재 발생으로 사망.

2012. 11. 1.   보건복지부 장관 면담 및 활동보조 24시간 보장을 요구하며 유엔에스캅(UNESCAP)
                회의가 열리는 송도컨벤시아 점거.

2012. 12. 2.   새누리당에 활동보조 예산 증액 요구하며 국회 정론관 점거.

2013. 1. 1.   보건복지부, 활동보조서비스 신청 자격 장애 2급으로 확대 시행.

2013. 2. 25.   박근혜 정부 출범.

2013. 8. 24.   장애인권리보장법제정연대 출범.

2013. 12. 3.   공동행동, 한국장애인인권상 수상.

2013. 12. 3.~2014. 1. 2.   '장애등급제 · 부양의무제 나쁘자나~' 릴레이 캠페인으로 농성장에서
                30일간 강연 · 콘서트 등 진행.

2014. 2. 24.   공동행동, 천주교인권위원회 제3회 이돈명인권상 수상.

2014. 2. 26.   '송파 세 모녀 사건' 발생.

2014. 4. 10.   국민연금공단에 송국현에 대한 긴급대책 촉구.

2014. 4. 13.   송국현, 집에 홀로 있던 사이 화재 발생. 전신 32%의 3도 화상 입음.

2014. 4. 14.   장애인 화재사고 방조한 국민연금공단 규탄 기자회견.

2014. 4. 17.   송국현 사망.

2014 .4. 20.   장애인차별철폐 투쟁의 날, 송국현 죽음에 대한 보건복지부 장관 사과
                요구하며 보건복지부 장관 집 앞 노숙 농성.

2014. 4. 22.   보건복지부 장관 공식사과 촉구하며 무기한 촛불집회.

2014. 4. 29.   국가인권위원회 앞, 송국현 추모 분향소 설치.

2014. 5. 12.   장애등급제 희생자 송국현 장례식.

2014. 5~8월   프란치스코 교황의 꽃동네 방문 취소를 촉구하는 활동 펼침. 국가인권위원회

진정, 국제 청원, 주한교황청 대사관에 의견서 전달. 교황청에 꽃동네 방문 반

대 서한 전달. 대시민 선전전 등 진행.

2014. 11. 26.~12. 3.   장애등급제 · 부양의무제 폐지 위한 전국 순회 투쟁 '차차차' 진행.

(세종시 복지부, 전주, 경북, 구미, 부산, 평택 등)

2015. 5. 18.~8. 21.   총리 면담 요구하며 95일간 전국 각지에서 출퇴근길을 기습적으로 막는

'그린라이트' 투쟁 진행.

2015. 6. 1.   보건복지부, 활동보조서비스 신청 자격 장애 3급으로 확대 시행.

2015. 7. 1.   보건복지부, 기초생활보장제도 개별 급여로 개편하여 시행.

2015. 8. 21.   광화문 농성 3주년.

2

전주에선 왜 버스 파업이 잦은가

·

전주 지역 버스 노조

조 남 준

만화

〈내일신문〉 '만화 같은 세
상', 〈한겨레21〉 '시사SF', KBS 1TV
〈정범구의 시사비평〉 '조남준의 세상 뒤
집어 보기', KBS 1TV 〈미디어포커스〉 '조남
준의 시사플래시', 〈경향신문〉 '메모리즈', 웹
툰 '하롱하롱', 〈팝툰〉 '원웨이티켓', 〈경향신
문〉 '밥은 먹고 댕기냐', 〈싱크〉 '지금도
말할 수 없다', 〈한겨레〉 '조남준의
발그림' 등을 연재하였다.

르포

전북 고창 출생. 르포작가이
고 시인이다. 펴낸 책으로 《유월의 아
버지》, 《옛길에서 사람 그리고 보부상을 만
나다》, 《흐르는 강물처럼—4대강 르포르타주》,
《사랑 때문이다》, 《별이 된 택시운전사》, 《달려
라 할머니》 등이 있다. 《이따위 불평등》, 《그대,
강정》 등을 함께 썼다. 르포르타주와 자서
전, 삶글(에세이) 등 논픽션 글쓰기를
가르치는 활동을 하고 있다.

송 기 역

민주노조 코스

조남준

하루 15시간의 장시간 노동
법정최저시급도 안 되는 시급 3,814.68원(2010년 법정최저시급 4,110원)
떼어먹힌 통상임금 1인당 1,000만~3,000만 원.

한국노총 전북지역 자동차노동조합연맹지부는 떼어먹힌 통상임금 대신
조합원 1인당 100만 원의 위로금을 지급하고
간부들의 임금만 몰래 70만 원 인상하는 데 합의하였다.

전북고속을 시작으로 지역 버스노동자들은 한국노총에 반발, 민주노총에 새로 가입한다.
2010년 12월 8일 전북고속과 제일여객, 신성여객 등 7개 버스회사의 노동자 740여 명이
최저시급보장 등을 요구하며 공동파업을 벌였다.

전북고속은 민주노총을 절대
인정할 수 없다는 황의종 사장 때문에
다른 시내버스 사업장과 달리
기나긴 파업을 해야 했다.

파업 기간 736일.
기나긴 파업 투쟁 끝에 2012년 12월 10일,
마침내 전북고속 민주노조가 인정받았다.

전북고속 민주노조 조합원 대부분은
업무 복귀를 했다.

차표를 미리 구입하지 못한 승객들은 현금을 낸다, 안월에서 남원까지 3100원, 덕진에서 군산까지 5700원…

시내버스처럼 돈통이 따로 있는 것도 아니어서

차표 없는 승객들에겐 자신의 주머니에서 거스름돈을 주며 달려야 한다

이런 승객들이 꽤 되는데…

현금 수입 일지를 운전 중 기록하는게 불가능하여 목적지에 도착해서 기억으로 정리해야 한다.

파업에서 복귀한 지 2달 만에 김용진 씨는 3100원 현금 착복이란 명목으로 해고를 당했다 이런 일은 종종 발생하여 보통 현금변제로 넘어 가는데 반해 민주노조 소속 김용진 씨는 예외였다.

17세 부터 40년 동안 전북고속에서 일하며 '선행상' '안전운행상' '수입증대상'… 5차례 모범상을 받은 김용진 씨에게 회사가 표적해고를 한 것이다.

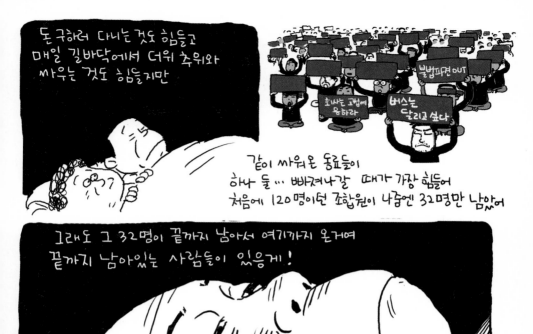

1심 재판부는 2013년 12월 19일 김용진 씨의 손을 들어줬다.
김 씨는 1심에서 승리했지만, 복직되지 못했다.
2심 판결도 해고는 부당하다고 선고했으나, 김 씨는 복직되지 못했다.
전북고속 측은 끝까지 판결에 불복하고 상소하며 김 씨를 괴롭혔다.
마침내 2년이 지난 2014년 11월 27일 대법원 판결을 통해서
김 씨는 최종 승리하여 복직했다.

민주노조 조합원 장광열 씨는 회사에서 해고 징계 위협에
시달리고 있었다.

장광열 씨는 그날 휴무인데 회사의
전화를 받고 새벽에 출근했다.

2015년 6월 9일 대구까지 운행을 마치고
숙소에서 밤 11시경 다음 날 입을 옷을 빨래하고
잠을 청한 게 그의 마지막이었다.

그가 주로 운행한 코스는 소위 말하는 민주노조 코스였다.
민주노조 가입을 막기 위해 민주노조원에게만 낡은 차로
가장 험난한 논산과 대구, 전주를 오가게 하는 것이었다.
그는 22일 동안 단 하루밖에 못 쉬었고, 하루 14시간 이상 일한 날도 부지기수였다.

故 장광열 노동자 근무일지 발췌 5월 근무시간

1일	12시간 35분
2일	15시간 15분
3일	휴무
4일	휴무
5일	휴무
6일	휴무
7일	12시간 30분
8일	15시간 15분
9일	15시간 15분
10일	15시간 20분
11일	14시간 5분
12일	15시간 10분
13일	14시간 10분
14일	13시간 55분
15일	12시간 15분
16일	14시간
17일	14시간 35분
18일	12시간 30분
19일	15시간 15분
20일	휴무
21일	15시간 15분
22일	15시간
23일	14시간 5분
24일	15시간 10분
25일	14시간 10분
26일	14시간 10분
27일	12시간 10분
28일	14시간
29일	12시간 30분
31일	15시간 15분

아이고 ~ 당신이 회사에서 어떤 꼴을 당하고 살았는지 이제서 알겠소 ···

전주시외버스 공용터미널

이것은 살인이다.
회사는 장광열 씨의 장례식장에 나타나지 않았다.

파업에서 복귀한 노조 임원들을 회사는 해고하였다.
파업기간 동안 품위유지 위반이란 명목이었다.
지방노동위원회에서 부당해고란 판결을 내렸지만
회사는 또다시 불복, 현재 세 명의 해고자가 복직투쟁을 벌이고 있다.

버스는 생명을 싣고 달린다

송기역

#1. 진기승 자서전-내가 없는 세상에서 남은 이들이 읽을…

여러 차례 전주를 오가며 김미숙(진기승의 부인) 씨에게 전화를 걸었다. 마지막 취재길에서도 답변이 오지 않아 나는 인터뷰를 포기하고 전주를 떠났다. 그런데 며칠 후 그녀에게 연락이 왔다. 그녀는 망설임과 거부감이 컸지만, 남편을 위해 이야기를 털어놓기로 했다고 고백했다. 나는 다시 전주로 향했다. 인터뷰 도중 그녀는 내 말을 알아듣지 못해 재차 묻곤 했다. 대화를 10여 분 나눈 후에야 그녀가 귀 한쪽의 청력을 거의 잃었다는 것을 알게 되었다. 치주질환도 심각했다. 인생에 괴한처럼 찾아온 일들이 있었고, 그 후유증으로 악화된 이를 열 개가량 뽑아내야 하는 상태였다. 이 글은 그녀가 들려준 신성여객 버스기사 진기승의 일대기를 자서전 형식에 담은 것이다. 기록자로서 그가 쓰지 못한 자서전을 짧게나마 대신 쓰고 싶었다. 이 약전을 "다음 생에는 버스기사가 대우받는 곳에서 태어나고 싶습니다"는 유언을 남긴 진기승의 영전에 바친다.

나는 임실군 관촌면에서 태어났다. 관촌역전 인근이 나의 고향이다. 지금은 기차가 서지 않는 역이 되었지만, 그땐 하루에 여러 번 기적소리를 울리며 멀어져가는 기차를 바라보곤 했다. 다음 역을 향해 아스라이 사라져가는 기차를 보며 나는 부푼 꿈에 설레며 어린 시절을 보냈다.

어머니는 나를 낳은 후 몇 해 지나 세상을 떠났다. 아버지가 재혼하며 형제 둘이 새로 생겨 다섯 형제가 되었다. 그 후 또 세 명의 동생이 생겨 우리 집은 8남매의 대가족이 되었다. 나는 그중 넷째였다.

벌린 입이 많은 데 비해 형편이 넉넉지 않아 고등학교를 졸업한 후 하사관으로 군에 입대했다. 군 시절 나의 별명은 '전설의 진기승'이었다. 한번 마음먹으면 아무리 어려워도 물러서지 않는 악바리 근성 때문에 붙은 별명이다. 전우들은 나를 일러, '자존심 빼면 시체' '의리에 살고 의리에 죽는 남자'라고 말하곤 했다.

7년 군생활을 마친 후 중사로 전역했다. 아버지는 군생활 막바지에 돌아가셨다. 난 사회에 나와 성공할 자신이 있었다. 세상이 두렵지 않았다. 보란 듯이 성공할 게 틀림없었다.

전역 후 누나가 있는 전주에서 살았다. 갖은 일을 전전하다 당구장에 음

료수를 넣어주는 사업을 했다. 친구들과 어울리기 좋아하는 편이라 결혼 전 그다지 모은 돈이 없었다.

아내를 처음 만난 것은 1995년 3월이었다. 백화점에서 일하던 누나가 소개한 여자였다. 이름이 김미숙이라고 했다. 첫눈에 내 여자란 걸 알 수 있었다.

그 무렵 사업을 접고 화물차 운전을 하고 있었다. 벌이가 그만그만했는데, 나를 장가보내고 싶은 누나는 수입이 많아 결혼하면 아파트도 마련해줄 수 있을 거라고 소개한 모양이다. 나의 고백은 솔직했고 망설임이 없었다.

"미숙 씨. 난 가진 것도 없고 가족도 8남매나 됩니다. 그중 몇은 이복형제고요. 지출 빼면 매달 버는 돈도 신통찮아요. 하지만 앞으로 성공할 자신도 있고 미숙 씨를 행복하게 할 자신도 있습니다. 왜냐면 난 진기승이니까요."

그녀는 어이없다는 듯 웃었지만 내가 싫지 않은 기색이었다. 훗날 그녀는 소개팅 때 나에 대한 인상을 이렇게 기억했다.

"내가 좋아하는 스타일이었어. 카리스마 있고 남자답고 투명하고 거짓이 없고 딱 보이는 색깔이 하나인 남자. 고민이 없진 않았는데 거짓 없는 모습에 끌려 결혼을 승낙한 거예요."

다음 해인 1996년 그녀와 화촉을 올렸다. 결혼 후 트레일러 차량을 할부로 샀다. 광양제철소의 컨테이너 박스를 실어 나르는 25톤 차량이었다. 짐을 싣고 주로 의정부를 오가는 일이었다.

우리는 딸 하나 아들 하나를 낳았다. 나는 '딸바보'였다. 아내는 가끔 딸과 말다툼하기도 했지만 나는 한 번도 다툰 일이 없다. 딸이 원하는 건 무엇이든 들어주려 애썼다. 딸을 위해 가끔 요리도 해주었다. 한번은 고향 임실에서 가져온 호박으로 호박죽을 끓여준 적도 있다.

2003년 나는 화물연대 태인지회 유성분회장을 맡았다. 특수고용직인 화물노동자들은 여러 달에 걸쳐 파업을 벌였다. 아내는 너무 앞장서진 말라고 당부하곤 했지만, 내 활동을 지지했다. 나는 끝까지 싸워서 정당한 권리를 쟁취하겠다고 아내에게 약속했다. 파업 기간 수입이 없었지만 아내의 응원으로 버틸 수 있었다. 우린 파업을 통해 몇 가지 성과를 얻었다.

평온한 일상에 어두운 그림자가 깔리는 일이 생겼다. 여느 때처럼 트럭 위에 짐을 적재한 후 차량에서 뛰어내렸는데, 삐끗하는 소리가 났다. 갈수록 허리가 불편해져 디스크 수술을 했다. 수술을 두 차례 하고 난 후 더 이상 트레일러 운전을 할 수 없게 되었다.

차를 팔았다. 이때 마련한 돈으로 아산에 있는 철강회사의 소장 자리를 얻게 되었다. 트레일러 기사들에게 일감을 주고 수수료를 떼는 일이었다. 오래 전부터 알고 지낸 사람의 소개로 들어간 자리라 사기당할 것은 예상치 못했다. 월 1,500만 원의 매출을 보장한다는 그의 약속은 사실이 아니었다.

엎친 데 덮친 격으로 선물옵션에 투자한 돈을 날려 신용불량 상태에 이르고 말았다. 트레일러 일을 그만둘 무렵, 융자를 끼고 사둔 집이 경매에 넘어갔다. 나는 실의에 빠져 1년 동안 아무 일도 하지 못하고 집에서 지냈다.

그 즈음 아내가 백화점에서 퇴사했다. 나는 더 이상 집안에 틀어박혀 있을 수 없게 되었고, 고향 친구의 소개로 신성여객에 입사했다.

솔직히 버스회사 입사를 두고 꽤 망설였다. 수입이 변변찮은, 그닥 좋은 직장이 아닌 곳에 들어가려니 자존심이 상했다. 하지만 배운 게 운전이라 다른 일을 찾기 녹록치 않았다. 가정형편이 더 기울기 전에 밥벌이에 나서야 했다.

2010년 12월 8일 나와 동료들은 파업에 돌입했다. 천막농성에 들어가면서 집엔 한 달에 한 번꼴로 들어갔다. 하루는 옷을 갈아입을 겸 집에 들렀는데, 아내가 퉁퉁 부은 내 귀를 보고 깜짝 놀랐다. 아내는 속상한 마음에 한 포털사이트 '아고라' 게시판에 글을 올렸다.

"남편은 물대포에 맞고 경찰들 방패에 맞아 쌍코피 터지고 귀가 퉁퉁 부어서 삭발까지 한 모습으로 며칠 만에 씻으러 들어왔는데 그 순간에 정말 이 더러운 세상 살기 싫다… 그 쥐꼬리만 한 월급도 석 달째 안 나오고 애들 학원 끊고 생활비도 바닥나고. 지치고 한계에 다다르니 극한 상황만 떠오릅니다. 저희 가정만 이러겠습니까?"

1차 파업 기간 아내는 가정에 신경 쓰지 말고 열심히 하라며 격려해주었다. 2012년 3월엔 2차 파업에 들어갔다. 이번엔 아내가 만류했다. 딸애가 고등학교에 들어가면서 지출이 늘고 있었다.

"자식들을 위해 모든 걸 접읍시다. 나도 너무 힘들어. 앞으로 가족을 위해서만 살자. 묵묵히 일만 하고 살면 안 될까?"

나는 부탁을 들어줄 수 없었다. 조금만 기다리면 좋은 일이 생길 거라고, 아이들을 위해 꼭 이겨야 하는 싸움이라고 설득했다. 돌이켜 보면 아내와의 관계는 이때부터 조금씩 어긋나기 시작한 것 같다.

2차 파업이 길어지면서 아내는 점점 지쳐갔다. 하루는 그녀가 이혼하자고 말했다. 나는 너무 놀랐고 당황했다. 그리고 이어지는 아내의 말에 절망감이 밀려왔다.

"서류상으로 이혼을 하면 한부모 가정이라고 해서 아이들이 혜택을 받을 수 있대요. 딸애가 고등학교에서 수업료라도 면제받을 수 있잖아요."

우리가 서류상 이혼 부부가 된 지 얼마 지나지 않아 사측 노동자들의 고발로 나는 구속되었다. 생애 처음 교도소에 발을 들여놓았다. 어느 날 아내가 면회를 왔다. 나는 면회를 거절했다. 그녀는 영치금과 함께 편지를 넣어주고 돌아갔다. 아내의 편지 내용 중 기억나는 구절이 있다.

"콩밥은 잘 먹고 있나요? 콩밥이 얼마나 맛있는지 궁금. 이 일을 계기로 앞으로 애들과 우리 가족만을 위해 살 수 없을까요? 앞으로 다 정리하고 우리 아이들을 위한 아버지로 살았으면 좋겠다."

출소 후 나는 면회를 거절한 이유를 실토했다.

"쪽팔려서 당신을 만날 자신이 없었어."

교도소에서 나와 나는 회사 근처에 허름한 여관방을 얻어 지냈다. 실망한 아내의 얼굴을 볼 면목이 없어서였다. 두 달 후 아내가 집에 돌아와 달라고 요청했다. 반년 만의 귀가와 함께 우리는 다시 혼인신고를 했다.

그런데 얼마 지나지 않아 난데없이 회사에서 해고 통보가 날아들었다. 아내와 나는 커다란 충격을 받았다. 나는 부당한 해고에 맞서 싸웠다. 하지만 중앙노동위원회에서 패소한 후 흔들렸다. 행정소송이 남아 있긴 하지만 이길 수 없을 것 같았다. 그때 한 관리자가 다가왔다. 그는 방법이 있으니 자신을 믿고 따라오라고 했다. 그날부터 그는 "내가 기승이 하나는 살린다" 이 말을 밥 먹듯 내뱉곤 했다.

"기승아. 넌 내가 살린다니까. 거기(민주노총)도 나오고 내 말만 따라. 내가 승진하면 넌 탄탄대로야."

"형님. 난 그런 것에 관심 없어요. 한국노총엔 안 들어갈 거예요. 민주노총을 탈퇴하면 평사원으로 묵묵히 일만 하고 지낼 겁니다. 그러니 한국노총 가입하란 말은 다신 하지 마세요."

그는 나에게 회장 집을 찾아가 무릎을 꿇고 용서를 빌라고 했다. 자존심이 상했다. 한 번도 누구에게 무릎을 꿇은 일이 없었다. 복직을 위해 이렇게까지 해야 하나 싶었다. 하지만 그럴 때마다 아내 모습이 떠오르고 아이들이 떠올랐다. 자식을 위해서라면 내 목숨도 아깝지 않았다. 그 생각을 하니 무릎을 꿇을 수 있을 것 같았다. 나는 그의 말만 따르면 복직이 되는 줄 알았다.

회장 집에 찾아가기 전날, 나는 한편 꺼림칙했지만 고심 끝에 아내에게 함께 가자고 말했다. 그가 일러준 방법이었다. 아내와 함께 가면 회장의 동정심과 믿음을 얻을 수 있을 거라는 이유였다. 아내가 망설였다.

"여보. 내가 꼭 그렇게까지 해야 돼?"

나는 아내의 말에 할 말을 잃었다. 창피해서 쥐구멍이라도 찾아 숨고 싶었다. 아내가 말을 덧붙였다.

"한번 생각해볼게."

나는 회장 집에 혼자 다녀왔다. 막상 방문하는 날이 되자 아내를 데려갈 자신이 없었다. 수요일 아침 7시, 나는 회장 집 대문 앞에서 벨을 눌렀다. 회장은 집에 혼자 있었다. 나는 거실에서 무릎을 꿇었다. 심장께가 저렸다.

"회장님. 죄송했습니다. 한 번 봐주십시오. 저에게 한 번만 기회를 주십시오. 민주노총을 탈퇴하고 앞으론 평사원으로 묵묵하게 일만 하고 지내겠습니다."

회장은 확답을 주지 않았다. 관리직 간부들의 반대가 심하다는 이유였다. 그러면서 내일 간부들과 상의할 테니 회사에서 다시 만나자고 했다. 그말을 듣고 회장 집을 나섰다. 기분이 이상했다. 태어나서 처음으로 내가 비겁하고 쓸모없고 더러운 인간이 된 기분이었다. 회장 집을 나와 혼자 소주를 들이켰다.

회사에서 복직시켜주겠다는 답변이 왔다. 조건이 붙었다. 관리직으로 입사하라는 것이다. 배차 관리직이었다. 적잖은 이들이 노리는, 기사들에게 권력을 휘두를 수 있는 자리였다. 민주노총 조합원을 탄압해야 하는 자리였다. 받아들일 수 없는 조건이었다. 게다가 관리직은 해고가 용이했다.

'이들이 나를 갖고 장난을 치고 있구나. 이용당하고 버려지겠구나. 내가

무릎까지 꿇었는데….'

분노가 치솟았다. 헤어날 수 없는 구렁텅이에 갇힌 듯했다. 파업 기간 앞장서서 싸운 대가가 너무 컸다. 무릎까지 꿇었지만 나에 대한 믿음이 생기지 않는 모양이었다. 첫 번째 회장 집을 찾아간 후 보름가량 지난 3월 18일 나는 다시 회장 집을 찾아가 두 번째 무릎을 꿇었다. 다음 날인 19일은 3개월의 숙려기간이 지나, 또 한 번 아내와 서류상 이혼을 하러 가는 날이었다. 곧 있으면 아들은 고등학생이 되고, 딸은 대학생이 된다. 국가장학금이나 학자금 대출을 받기 위해서라도 서류상 이혼이 필요했다. 출소 후 레미콘 아르바이트를 했지만, 법적인 싸움을 준비하며 법원이며 노동청을 드나들 일이 많아 수입이 형편없었고, 이는 고스란히 아내의 부담으로 돌아갔다.

이날 저녁 나는 거실 식탁에서 소주를 마셨다. 아내가 귀가하는 소리가 들렸다. 아내는 밀린 공과금 고지서들을 살피며 짜증을 냈다.

"애들은 내가 돌볼 테니까 공과금 같은 거 신경 쓰지 않게 당신이 알아서 좀 해. 아르바이트라도 해서 공과금 정도는 낼 수 있잖아. 이런 것까지 왜 미뤄놔."

그 순간 감정을 주체할 수 없어 소리 질렀다.

"오늘이 무슨 날인지 알기나 해? 두 번째로 내가 무릎 꿇고 온 날이야. 꼭 그런 말을 해야 되겠어? 에이씨. 세상 살기 싫다."

그 말을 뱉고 난 후 나는 꺽꺽 소리 내어 울었다. 아내는 너무 놀랐는지 아무 말이 없었다. 다음날 아내와 나는 가정법원에서 이혼서류에 도장을 찍었다. 그날 이후 아내와 대화가 완전히 끊겼다.

나는 이때부터 집안에서 하루 종일 누워만 있었다. 아이들을 보면 같은 말을 되풀이했다.

"아빠가 미안해."

그리고 이런 말도 했다.

"아빠가 멀리 가도 이해해줘."

딸애는 엄마에게 "아빠가 요즘 이상해"란 말을 하곤 했다.

그리고 4월 30일 밤이 되었다. 나는 집을 나서기 전 고3인 딸과 고1인 아들을 집으로 불러들였다. 아이들이 들어오는 소리가 들렸다. 컴컴한 어둠 속에서 나는 양복을 입고 침대에 걸터앉아 있었다. 나는 아이들을 안아주었다.

"아빠가 미안해."

낌새를 챈 아이들의 손을 뿌리치고 현관 밖으로 나섰다. 나는 회사로 향했다. 9시 무렵, 딸의 전화를 받았다. 그때 나는 울고 있었다.

"아빠. 집에 어서 돌아와. 내가 줄 게 있단 말이야."

이날 딸은 핸드폰 액세서리를 선물로 준비했다. 아내와 나 몰래. 나는 울먹거리며 대답했다.

"미안해. 아빠 회사에 왔어. 아빠 이제 집에 못 가."

나는 핸드폰의 종료 버튼을 눌렀다. 어디선가 아이들의 울음소리가 들려오는 듯했다. 나는 주변 사람들에게 예약 문자메시지를 보냈다. 지상에서의 마지막 일이었다. 내일 내가 없는 세상에서 남은 이들이 받을 문자였다.

　"그동안 가정이 파괴되고 내 생활은 엉망이 돼버렸네요. 가정파괴는 되지 않으려고 노력했지만 결국 이용만 당한 것 같아 너무 억울하네요. … 다음 생에는 버스기사가 대우받는 곳에서 태어나고 싶습니다."

대화를 마친 후 김미숙 씨는 "인터뷰하길 잘한 것 같아요"라고 말했다. 무슨 뜻인지 알 것 같았다. 그녀는 이 말을 남기고 자신의 일터로 돌아갔다.

"그 사람 성격에 회장에게 무릎 꿇은 게 잘못된 거 같아요. 무릎을 꿇지 말았어야 했어요. 그 사람은 부러지면 부러졌지 휘어지는 사람은 아니거든요. 누구에게도 굴복하지 않는 성격인데, 제가 말리지 못한 게 천추의 한으로 남아요. 그걸 많이 후회해요. 무릎만 안 꿇었어도 죽지 않았을 텐데. 여러 사람에게 경종을 울리고 참 의롭게 떠났어요. 그 사람으로 인해 버스기사들의 노동환경이 많이 개선됐잖아요. 그런 말 많이 했거든요. 이 나라는 싸우지 않으면 무참히 짓밟히는 시스템이 문제다. 싸워서 바꿔야 한다. 나쁜 쪽으로만 생각하지 않아요. 그 사람 잘 보내주고 싶어요. 그리워하면서 한 번씩 슬퍼하지, 나쁘게만 생각하진 않아요. 배우자로서 저도 그 사람이 바라는 대로 노동자들이 세상의 중심이 되는 더 나은 세상이 왔으면 좋겠어요."

#2. 5년, 전주라는 섬에서 벌어진 일

2010년 8월 20일 오전 10시. 전주에 있는 버스회사 호남고속의 운전사 오구근은 노동조합 사무실에 들어섰다. 이 자리엔 여덟 명의 동료가 모여 임시대의원대회를 열고 있었다. 그를 제외하곤 모두 대의원이었다.

이달 초부터 회사에선 통상임금과 관련한 각서에 사인을 받고 있었다. 전체 320여 명의 직원 중 반가량이 사인을 하고 난 후였다.

그에 앞선 2005년, 호남고속의 퇴직자 여덟 명이 통상임금에 관한 소송을 제기했다. 전주 지역 버스 파업의 단초는 2010년 3월 이들이 대법원 판결에서 승소하며 불거졌다.

통상임금은 시간외수당, 주휴근무수당 등을 포함 정기적이고 일률적으로 지급되는 임금을 이르는 말이다. 버스회사에서 노동자들에게 지급하지 않은 체불임금이었다. 소송을 건 노동자들은 최소 1,000만 원 이상의 임금을 돌려받게 된 것이다.

소송에서 패한 호남고속 사장 김병수는 직원들을 소집해 통상임금을 받고 싶으면 퇴사 후 소송을 진행하라고 요구했다. 사실상 통상임금을 포기하라는 협박이었다. 그 후 며칠 지나지 않아 회사에서 노동자들을 찾아다니며 각서를 받기 시작했다. 오구근은 각서를 거부했다.

"100만 원을 줄 테니 소송하지 않겠다는 내용의 각서에 사인을 하라는 거예요. 반강제적이었어요. 다른 지역에 있는 시외버스 운전사들 숙소까지 찾아가서 사인을 받았어요. 난 끝까지 거부했어요."

노동조합 간부들은 조합원들에게 각서에 사인을 하라며 재촉했다. 버스 기사들이 어떻게 해야 할지 갈피를 잡지 못해 조합장을 찾았지만 연락두절 상태였다. 조합원들이 사인을 하는 동안 그는 어느 모텔에서 노름을 하고 있었다. 대의원들은 조합장을 붙들고 임시대의원대회를 연 것이다.

분위기가 험악했다. 노동자들은 자초지종을 따져 물었고 조합장은 묵묵 부답이었다. 회사와 모종의 거래를 의심했지만 그는 고개를 흔들었다. 조합 장의 태도에 분노한 대의원들은 책상을 뒤엎고 유리 진열장을 박살냈다. 진 열장 안의 상패 등을 내던지며 책임을 추궁했지만 별다른 답변을 들을 수 없었다. 그에게 현재까지 사인한 조합원 수를 물었다. 반가량이었다. 노동자 들은 각서를 찾아오라고 요구했지만 회사에서 내줄 리 만무했다.

이날 대의원들은 논의 끝에 한국노총을 탈퇴해 민주노총으로 조직을 바 꾸는 투표를 하기로 결정했다. 그날 저녁 이들은 투표함을 만들고 다음 날 임시총회를 열어 72%의 찬성으로 민주노총으로 변경했다. 조합원 중 230 명가량이 민주노총 가입서를 썼다.

호남고속에서 대의원대회가 열리기 전인 2010년 7월, 전주 지역 한국노 총은 사업주들과 단협을 체결했다. 미지급 통상임금을 지급하는 대신, 직원 1인당 100만 원의 위로금을 지급하고 조합장들의 급여를 70만 원 인상하는 내용이었다. 단협 후 전주 지역 버스 사업주들은 동시다발로 각 회사의 직 원들에게 통상임금 소송을 포기한다는 내용의 각서를 받기 시작했다.

한국노총 소속의 전주 지역 버스노동자들이 민주노총으로 소속을 바꾸려는 움직임은 전북고속에서 먼저 시작되었다. 전북고속에선 2009년 9월 박종만 조합장이 당선된 후 다음 해 1월까지 무려 100건이 넘는 징계가 발생했다. 전체 노동자의 2/3가량이 징계를 당했다. 노동자 탄압에 조합장이 앞장선 것이다.

그러던 어느 날 몇 명의 노동자가 남상훈(현 전북고속노동조합 지부장)을 만나 민주노총을 찾아가보자고 제안했다. 2010년 2월 3일 남상훈은 이들과 함께 민주노총에서 박상훈 본부장을 만났다. 이때부터 노동자들은 적극적으로 대응하기 시작했다.

2010년 6월 14일부터 사흘에 걸쳐 전북고속 노동자들은 투표를 통해 조직을 변경하려 했지만 열두 표가 모자라 무산되었다. 그래서 6월 29일 별도로 민주노조를 만들었다. 제일여객은 8월 4일 민주노총에 가입했다. 이외에도 신성여객 등의 버스회사 노동자들이 민주노총에 가입했다. 이러한 바람은 통상임금이 계기가 되긴 했지만, 한국노총에 대한 오랜 불신과 지역 버스회사의 낮은 급여, 열악한 노동환경이 배경이었다.

노동자들이 교섭을 요청했지만 버스회사들은 응하지 않았고, 노동자들은 쟁의조정 절차를 거친 후 결국 파업에 이르게 되었다.

전주 지역의 6개 버스회사(전북고속, 호남고속, 제일여객, 전일여객, 시민여객, 신성여객)와 부안의 스마일교통 버스기사들은 2010년 12월 8일 출차를 앞둔 새벽 4시 파업에 돌입했고, 버스가 나가지 못하게 회사 정문을 막았다. 각처의 시외버스기사들은 연락을 받고 회사 차고지로 돌아왔다.

사업주와 관의 대응은 재빨랐다. 파업 당일 아침, 고용노동부 전주지청은 절차를 따른 정당한 파업을 불법으로 규정했고, 송하진 전주시장은 출근한 지 얼마 지나지 않아 이번 파업이 불법이라고 입을 맞췄다. 곧이어 경찰이 6개 사업장에 동시에 투입되었다. 전주터미널에 소재한 전북고속에선 노동자 130명 전원을 연행했다.

전주 지역 버스노동자들의 앞엔 지난한 여정이 기다리고 있었다. 그들의 기대와 달리 여론은 싸늘했다. 호남고속의 버스기사 한원은 전주중앙시장에서 유인물을 나눠줄 때의 기억을 떠올렸다.

"노인이며 아줌마들이 저놈들 배부르니까 저 지랄병을 한다고 비난하더라고요."

언론의 보도에 의해 버스기사들 급여가 280만 원으로 알려져 있을 때였다. 텔레비전 토론회에선 기사들의 급여가 320만 원이라는 주장까지 나왔다. 이는 거짓임이 드러났지만 노동자들은 거리에서 시민들의 홀대를 감내해야 했다. 호남고속의 오구근도 거리에서 선전활동을 할 때의 어려움을 토로했다.

"안 좋은 얘기 들으면 기분 더럽죠. 시민들을 위해 일했고, 시민들을 위한 파업이었는데 협조는커녕 손가락질을 받았으니까요. 팸플릿을 주면 볼 생각을 안 해요. 눈도 안 마주쳐. 받아도 바로 쓰레기통에 버리고. 내가 탈 버스가 당신들 때문에 안 온다. 집에 가야 하는데 니들 때문에 안 온다. 그런 말을 숱하게 들었죠."

전주시청 홈페이지에도 시민들의 민원이 폭주했다. 대체로 버스기사들에 대한 원성을 담은 글이었다. 버스가 오지 않아 적잖은 택시비를 지불했다는 항의성 글도 많았다.

버스회사들은 교섭을 피하고 고소·고발을 남발하며 노동자들을 위협했다. 부당한 해고와 징계가 이어졌다. 막대한 시민의 혈세가 투입되는 버스회사에 대한 관리 감독의 책임이 있는 전주시와 고용노동부는 오히려 사용자의 입장에서 움직였다. 검찰·경찰도 사용자의 편이었다.

146일에 걸친 1차 파업 이후에도 5년에 걸쳐 2, 3, 4차 파업으로 이어졌다. 2004년과 2008년 인천과 광주에서 발생한 버스 파업이 시에서 적극 나서 곧 해결된 것과 달리, 서울시에서 불과 10시간 만에 버스 문제를 해결한 것과 달리, 전주 지역 버스노동자들의 투쟁은 현재까지 이어지고 있다.

이러한 지난한 투쟁의 배경엔 지역 토호 세력인 사업주들과 민주당 소속 지역 정치인들의 유착, 버스회사들의 카르텔이 있었다. 2010년 지방선거 시기엔 김완주 전북도지사가 전북버스운송조합 이사장과 고문으로부터 정치후원금을 받은 것이 논란이 되었다. 전북상공회의소 회장을 연임한 호남고속의 김택수 회장이 노사 협상 테이블에서 전북도지사 당선자인 송하진에게 "어이, 송 시장"이라고 부른 일은 널리 알려진 일화다. 송 시장은 얼굴을 붉힐 뿐 아무 대답도 하지 못했다고 한다.

파업이 없는 기간에도 합의서 이행과 해고 등의 문제로 갈등은 지속되었다. 노동자들은 5년 동안 거리 캠페인과 문화제, 피켓시위, 일인시위, 천막 농성, 세 차례에 걸친 고공농성, 회차거부 투쟁, 민주당사 점거투쟁, 법정소송 투쟁 등을 벌였다. 이 기간 중 몇 사람의 분신 시도가 있었고, 신성여객 버스기사 진기승은 회사 국기봉에 목을 매달았다.

싸움은 오늘에 이르기까지 지속되고 있다.

#3. 버스는 위험을 싣고 달린다

2015년 2월, 아직 끝나지 않은 투쟁의 현장을 찾아 길을 나섰다. 호남고속 노동자들은 팔복동 차고지에서 35일째 천막농성을 벌이고 있었다. 농성장은 노동조합 사무실 앞에 설치되어 있었다. 호남고속 노동자들은 해고와 징계 문제로 몇 해째 싸우고 있다. 현재 해고자는 이희진과 조기문이다.

이중 이희진은 2,400원을 횡령했다는 혐의를 받고 해고되었다. 한국노총 소속 조합원 10여 명이 소속 노조를 탈퇴한 후 민주노총에 가입한 일이 회사의 탄압을 불러왔다. 회사에선 민주노총으로 옮기는 노동자들이 늘 것을 우려해, 입금 과정의 실수를 트집 삼아 이희진과 이인술을 해고시켰다. 이희진은 2,400원, 이인술은 900원 횡령 혐의 건이었다. 사측에서도 무리라고 판단했는지 머잖아 이인술의 해고를 취소했다. 이희진의 해고 이후 한국노총에서 민주노총으로 소속을 옮기는 조합원은 더 이상 나타나지 않았다.

이번 천막농성의 계기가 된 징계는 2014년 12월 초에 시작되었다. 전 지회장의 사임으로 노동조합 집행부가 공백이 된 상태에서 회사는 기습적으로 징계 절차를 밟았다. 2006년부터 발생한 사고를 들추어 58명의 중징계자 명단을 작성해 발표했다. 거의 다 민주노총 소속 버스기사였다. 현재 민주노조 조합원이 100명이니 반 이상을 승무 정지시키려는 의도다. 이에 더해 회사는 아직 명단을 발표하지 않은 6명의 해고자가 더 있다며 노동자들을 옥죄고 있다.

이러한 노동 탄압은 오직 민주노총 소속 버스기사들만을 겨누고 있다. 노동자에 대한 통제는 승무발령, 노선배차 등 주로 인사권에 의한 전횡으로 드러나곤 했다.

버스기사들은 공정한 승무발령을 요구하고 있다. 직급 체계가 없는 버스기사들에겐 새 차를 배정받는 것이 곧 승진과 다름없는 일이다. 하지만 민주노조 조합원에겐 대부분 새 차를 배정하지 않는다. 특수차 기사 출신으로 23년째 버스 운전을 하는 정임초는 만년 예비기사가 됐다.

"제가 분신을 시도했다는 이유로 차를 맡기지 않고 예비기사로 이 차 저 차 떠돌게 했어요. 고정적인 차를 주지 않아요. 이번에도 새 차가 오니까 다른 차로 가라고 그래요. 새 차를 일부러 다른 사람에게 주는 거예요."

그는 2차 파업 시기인 2012년 4월 23일 호남고속 사무실에서 분신을 시도했다. 정임초는 이른바 '묏등부대' 출신이다. 묏등부대는 사업주의 조부 묘소를 벌초하는 사내 모임을 이르는 말이다.

최상수 사무국장은 승무일수에서도 노동자들에 대한 차별이 노골적이라고 설명한다.

"월수입에서 26일 근무자와 24일 근무자가 30만 원 가까이 차이가 나요. 다른 기사들에겐 26일 시키고 우리 쪽은 24일 시켜요. 그래서 우리가 3년 전부터 급여지급명세서를 그래프로 비교해보자고 하니까 회사 기밀이라고 주지 않습니다."

또한 버스기사들은 노선 순환 정책과 노선 거리에 따른 수당을 요구하고 있다. 노선마다 거리가 달라, 장거리는 440킬로미터, 짧은 거리는 220킬로미터다. 회사에선 주로 민주노조 조합원들에게 장거리 노선을 맡긴다.

노선에 따라 하루 10회 또는 11회를 달린다. 한 회만 운행을 줄여도 운전에 여유가 생기지만, 운행 횟수에 따라 보조금이 달라 사업주들은 무리한 횟수를 유지해왔다. 노동자들의 요구에 의해 운행 횟수에 따른 보조금 지급 정책은 최근 폐지됐다.

전주 지역은 전국에서 버스사고율이 가장 높다. 그 원인 중 하나는 시간표이다. 호남고속 지회장 오구근의 설명이다.

"출발지에서 종점까지 가는 시간이 소변 볼 여유도 없이 빡빡해요. 기사들이 가다 쉬어야 하잖아요. 쉬지도 못하고, 시간 맞추려면 신호위반을 해야 되는 거예요. 전에 준법투쟁을 할 때 법을 지키면서 운전한 적이 있어요. 시내를 시속 60킬로미터 넘기지 않고 신호를 모두 지켰더니 시간이 오버가 되는 거예요. 법을 지키면 제 시간에 도착 못해요."

쉴 틈 없이 짜인 시간표도 문제지만 새벽 4시에 출근해 밤 11시에 퇴근하는 장시간 노동도 시민의 안전을 위협하고 사고를 불러오는 고질적인 문제다. 어느 방송 프로그램에서도 방영되었지만 하루 17시간 넘게 운전하는 것은 소주를 반 병 마시고 운전하는 것과 같은 상태라고 한다. 오구근 지회장이 얘기한다.

"우리 조합원들이 나갈 때하고 들어올 때 달라요. 오후만 되어도 시커먼 얼굴로 지쳐서 돌아와요. 얼굴이 달라져요. 격일제가 아니라 여덟 시간씩 2교대를 해야 하거든요. 차 한 대를 하루에 두 명이 번갈아가며 해야 돼요. 다른 지역은 2교대로 운행해요."

전주 지역 버스노동자들은 모두 격일제로 근무하고 있다.

연식에 따른 차량의 노후화도 높은 사고율과 연관되어 있다. 전주 지역 버스 중 노후차량 기준인 9년을 넘겨 운행하는 버스 비율이 26%에 이르렀다. 서울의 네 배다. 100만 킬로미터를 넘게 운행한 노후 차량들이 위험을 싣고 전주 시내를 달리고 있었던 것이다.

차량 노후화는 시민의 안전을 위협한다. 회사에선 노후 차량을 주로 민주노총 조합원에게 맡긴다. 버스기사 한원은 노후 버스를 타면 새 차에 비해 허리에 무리가 많다고 일러준다.

"그런 차를 운행하면 기사도 피곤하고 시민들도 피로감을 느껴요. 오래된 차는 흔들림도 심하고 브레이크도 노후됐어요. 오래된 버스는 바닥에 빵꾸가 나서 먼지가 폴폴 올라와요. 버스는 밑이 썩거든요. 밑에 판이 썩어요."

구멍 난 버스 밑바닥은 철판으로 때워 운행했다. 여름과 겨울엔 에어컨과 난방 시설이 좋지 않아 승객들의 불만이 쏟아졌다. 수명을 넘긴 버스는 안전검사를 통해 6개월씩 연장할 수 있다. 안전검사라고 하지만 형식적인 절차라 대부분 연장된다. 검사업체에 버스회사는 주요한 고객이기 때문에 까다롭고 엄격한 검사는 현실적으로 불가능한 일이다.

호남고속의 시외버스기사 박기영은 얼마 전 큰 사고를 겪었다. 그는 거의 10년 된 노후 차량을 운전하고 있었다. 서울의 남부터미널에서 출발해 익산터미널로 향하던 중 익산나들목 인근에서 바퀴를 잡아주는 차축이 부러지는 사고가 났다. 노후화된 차축이 부러지며 핸들 조작이 안 되어 버스가 길을 벗어나 중앙분리대와 맞은편 옹벽을 들이받은 후 멈춰섰다. 다행히 뒤따르는 차가 없어 대형사고를 면했다.

사고 후 버스 앞부분 양 옆이 움푹 들어가 있었다. 조금만 더 힘이 가해졌으면 생명이 위태로웠다. 이 사고로 그는 손이 찢어지고 골절되어 현재까지 후유증을 앓고 있고, 승객 10여 명이 부상으로 병원에 실려갔다. 기사와 승객들이 생명을 잃을 수도 있는 아찔한 사고였다. 사고가 난 후 오구근은 현장에 출동한 경찰로부터 사고 당시 상황을 전해 들었다.

"운전사가 부상 정도가 가장 심했지만, 승객들이 모두 구급차에 탈 수 있게 한 후 제일 마지막으로 구급차에 올라탔다고 해요. 경찰 말이 세월호 의인 같은 사람이라고, 우리 사회가 이런 분을 평가하고 대우해줘야 이준석 (세월호 선장) 같은 사람이 안 나오는데 오히려 이준석을 만드는 세상이라고 얘기하더라고요."

하지만 회사에선 민주노총 소속인 운전기사에게 사표를 요구했다.

"사고난 차가 그 전에도 몇 차례 결함이 발생해 응급조치를 했어요. 지금도 그런 차량이 많습니다. 아슬아슬한 차가 많아요. 이상하다 그런 느낌이 들 때가 많지만 내가 죽어도 달려야지 어떡해요?"

이렇게 말하는 한원은 11년 된 차를 몰고 매일 도로를 달리고 있다.

"승객들이 기사들 잡도리를 많이 해요. 신고도 잘하고요. 불친절하다느니 차가 나쁘다느니 시에 민원을 많이 넣어요. 내 차도 오래된 차라 승객들이 더럽다는 말을 많이 해요. 당연히 기사도 사람인데 짜증나면 불친절해지죠. 시간에 쫓겨 운전하다보면 난폭운전을 할 때도 있어요. 우리 회사가 안전교육, 인성교육이 거의 없어요. 국가에서 하는 운전자 교육이 있어서 쉬는 날 몇 번 다녀왔어요. 나중에 보니 참여자에게 교육비가 나오더라고요. 그걸 회사에서 기사에게 지급해야 하는데 처먹었어요. 민주노조 만들고 문제제기했더니 그때 주더라고요. 신입사원 오면 노선 답사 교육비도 줘야 하는데 안 줬어요. 지금은 2만 원인가 줘요. 이 회사 대단해요."

민주노조를 만들기 전까지 모두 몰랐던 사실이다. 회사에선 비용이 드는 직원교육을 거의 하지 않는다. 기사들은 더러 고객과 드잡이할 때도 있긴 하지만 다퉈봐야 불리한 건 노동자다. 그래서 가급적 대응을 하지 않으려 한다.

다른 회사와 달리 호남고속에선 시외버스의 시트커버며 커튼을 세탁해주지 않는다. 그러다보니 찌든 내가 심하다. 한번은 고객이 한원에게 버스에서 불쾌한 냄새가 난다며 항의한 적이 있다.

"제발 회사에 민원 좀 넣어달라고 부탁했는데, 기사한테 욕만 하고 민원은 안 넣었더라고요. 내 기분만 더럽게 만들어놓고. 그러면 나는 기분을 컨트롤하고 다음 운행을 해야 돼요."

긴 싸움의 결과, 전주 지역 버스회사의 노동환경은 조금씩 개선되고 있다. 물론 혜택은 한국노총 조합원은 물론 노동조합에 가입하지 않는 기사들에게도 돌아가고 있다.

2014년 12월 19일 전주시는 버스대타협위원회를 출범시켰다. 한국노총과 민주노총, 사업주, 전문가와 지역 시민단체 등이 위원회에 참여하고 있다. 민주노총 전북지부는 위원회를 통해 노선을 새로 정비하고, 운전사들이 쉴 수 있는 화장실과 식당 등 편의시설 확충을 제안할 계획이다. 이는 노동자를 위한 것이기도 하지만 궁극적으로 시민의 안전을 위한 일이다.

전북지부는 완전공영제를 주장하고 있다. 완전공영제는 버스회사를 공기업화해 시에서 운영하는 제도이다. 매년 시에서 버스회사에 제공하는 보조금이면 완전공영제가 가능하기 때문이다.

호남고속 노동자들은 5년 동안 생계비를 벌며 싸웠다. 속칭 노가다며 덤프차, 레미콘, 관광버스 운전 등의 아르바이트를 하는 것도 투쟁의 일부였다. 현재도 해고와 징계 문제를 해결하기 위해 천막에서 밤을 지새우고, 새벽 4시면 회사 정문 앞에서 피켓을 들고 출근투쟁을 하고, 아침 8시부터 한 시간 동안 노동부 정문에서 집회를 연다.

호남고속 사측은 지금까지 단 한 차례도 단체교섭에 임하지 않는 교섭 해태를 하고 있다. 전주의 버스회사들 중 단협이 체결되지 않은 곳은 호남 고속과 전북고속 두 곳이다.

이토록 기나긴 장정을 예상한 이는 없었다. 호남고속 버스기사 한원은 파업 첫날, 사흘 후엔 일터로 돌아갈 줄 알았다.

"길어야 일주일 버스 운행을 못하면 회사에서 손을 들 줄 알았어요. 크리스마스 전에 가족과 함께 시간을 보낼 줄 알았어요. 그러다 또 연말엔 가족과 함께 보내겠지 했고, 또다시 그래도 떡국은 집에서 먹을 수 있겠지 했어요. 그러다 1차 파업이 150일을 넘어갔어요. 무려 5년 동안 내가 이렇게 싸우게 될 줄 상상도 못했어요."

두 차례에 걸쳐 고공농성을 벌인 남상훈도 그랬다.

"이렇게 5년을 계속 할 줄 알았으면 시작이라도 했겠어요? 안 했죠. 3차 파업을 마칠 때까지 집에 제대로 간 적이 거의 없어요."

긴 싸움만큼 긴 이야기가 흐른 늦은 밤, 나는 비좁은 천막농성장에 몸을 뉘였다. 내일 새벽 출근투쟁을 준비하는 오구근 지회장이 불편한 노조 사무실 소파에 누우며 나에게 좋은 잠자리를 양보했기 때문이다. 다음 날 아침, 나는 노동부 정문 앞에서 열린 집회에 참여한 후 전주를 떠났다. 나를 서울까지 데려다준 버스를 운전한 이는 호남고속의 한 노동자였다.

전주 지역 버스 노조 투쟁 일지

2005. 1월 호남고속을 퇴사한 버스기사 8명, 통상임금 소송을 제기. 그 후 2010년 3월 대법
         원에서 최종 승소 판결.

2010. 5월 전주 제일여객노조, 조합원 187명 명의로 통상임금 소송 제기.

2010. 6. 29. 전북고속, 민주버스본부 소속 지회 결성.

2010. 8. 2. 전주 및 전북 지역 19개 주요 버스사업장 노사, 임금·단체협약을 체결. 이 과정
         에서 노동조합 임원은 별도 협상을 통해 임금 70만 원 인상. 이에 노동자들 한국
         노총 자동차연맹 소속 노동조합을 탈퇴하고 민주노총 운수노조에 가입하기 시작.

2010. 8. 20. 제일여객 민주노총 소속 지회 결성.

2010. 9. 3. 호남고속 민주노총 소속 지회 결성.

2010. 9. 13. 전일여객 민주노총 소속 지회 결성.

2010. 9. 20. 시민여객 민주노총 소속 지회 결성.

2010. 9. 30. 부안스마일교통 민주노총 소속 지회 결성.

2010. 10. 14. 신성여객 민주노총 소속 지회 결성.

2010. 12. 8. 민주노총 전북본부(7개 지회), 새벽 4시 30분에 전면 파업(1차 파업) 돌입. 146일 동
         안 지속. 핵심요구안은 노조 인정, 노조사무실 제공, 조합비 인도.

2010. 12. 10. 제일여객, 호남고속, 전일여객, 신성여객, 시민여객 직장 폐쇄.

2010. 12. 16. 전북고속 직장폐쇄.

2011. 4. 26. 민주노총 산하 전국운수산업노조와 전주 시내버스공동관리위원회는 최대쟁점
         이었던 '노조 인정'을 포함 '성실 교섭' 등 5개 항에 합의.

2012. 3. 12. 민주노총 전북본부, 2차 파업 돌입. 114일 지속.

2012. 3. 20. 사측, 부분 직장폐쇄. 이는 추후 불법으로 판결(노조 측 승소).

2012. 11. 8.   새벽 6시. 민주노총 전북본부, 전주시청 노송광장에 천막농성을 전개하며 3차 파업 돌입. 전주시에 시내버스 파업사태 해결과 사측에 임금·단체협약 교섭 등을 요구.

2012. 12. 10.   전주시가 제시한 '7대 과제 2대 약속'을 노조에서 수용하면서 3차 파업 투쟁 마무리.

2014. 4. 30.   오후 11시 15분경. 신성여객 현관 국기봉에서 진기승 조합원 자결 시도. 신성여객 사내 농성 투쟁 전개.

2014. 5. 4.   민주노총 전북본부, 전주시청 천막농성 돌입.

2014. 6. 2.   오전 9시 5분. 진기승 조합원 운명.

2014. 7. 20.   신성여객지회, 전주시 중재로 진행된 사측과 교섭에서 이뤄진 잠정합의안 통과.

2014. 7. 22.   노동해방열사 진기승 동지 전국민주노동자장.

2015. 6. 9.   밤 11시 무렵, 장광열(전북고속) 씨 대구의 숙소에서 심근경색으로 사망. 하루 14시간, 14일 연속 운행으로 인한 장시간 노동과 노조 탄압으로 인한 스트레스가 원인.

3

그가 굴뚝에 오를 수밖에 없는 이유

•

스타케미칼지회

원혜진

만화

일러스트레이터이자 만화가.
역사만화 《아! 팔레스타인》으로 2013년
부천만화대상 어린이상을 수상했다. 여성노동
자들의 이야기를 담은 만화 모음집 《이어달리기》
에 참여했고, 그린 책으로는 《책으로 집을 지은 악
어》, 《프랑켄슈타인과 철학 좀 하는 괴물》, 《다른 게
틀린 건 아니잖아?》, 《우주에는 몇 개의 마을이 있
을까?》, 《그림으로 보는 세계사 1》 등이 있다.
이번 작업에는 취재부터 시나리오까지
우장순 작가가 함께하였다.

르포

유영자

1998년 재능교육에 입사할 때
까지만 해도 노동운동에 대해 아는 게 없
었다. 1999년 재능교육노동조합 결성과 함께 노
조활동을 시작했고, 2007년 11월 노조 지부장에 당선
됐다. 학습지교사의 임금인 수수료제도 개악에 맞서 싸
우다 2008년 10월 단체협약을 일방적으로 파기한 사
측으로부터 부당하게 해고당한다. 이후 단체협약원상
회복·해고자전원복직을 요구하며 농성에 들어간
다. 2015년 9월 11일 농성 2,822일 만에 합의.
2016년 1월부터 재능교육 학습지교사
로 복직한다.

시설비만
2,500억 들어갔다는 공장을
400억 헐값에 인수했는데,
2년도 안 돌리고
갑자기 공장 못 돌린단다.
우리 보고 나가란다.
절대 이대로 물러설 수 없다!

2014년 가을.
노동자가 일하지 않는 공장은 폐허다.
오늘도 공장은 조용하다.
빈 공장은 까치들의 놀이터가 된 지 오래다.

굴뚝, 408일

원혜진·우장순

나는 이 공장을 지키기 위해 45미터 굴뚝 위에 올랐다.
공장 입구는 졸지에 길바닥으로 내몰린 열 명의 듬직한 동지들이 지킨다.

시끄러운 기계소리가
들리지 않으니까 살맛 난다.

까르륵~

굴뚝 위의 일상은 어제와 오늘이 다르지 않다.
책을 읽거나 안부전화를 받는다.
페이스북을 하고 약해진 건강을 위해
꾸준히 운동한다.

동지들이 올려주는 감을 까치밥으로
놓아주었다.

굴뚝 위 유일한 벗.

그런데 저 아저씨는
왜 여기 산대?

사는 게 아니라
지키는 거라잖아.

어이 친구들, 오늘도 왔구나.
나중에 공장 돌리면
너희들은 어쩌냐?

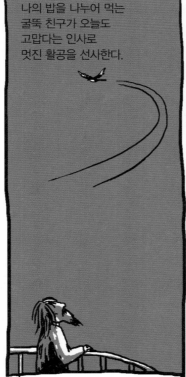

나의 밥을 나누어 먹는
굴뚝 친구가 오늘도
고맙다는 인사로
멋진 활공을 선사한다.

하늘을 날아다니는 까치들이
유난히 자유로워 보인다.
나도 자유롭게 두 발로
다니는 날이 올 것이다.

2014년 겨울.

스물넷…

스물다섯 바퀴…

비틀

아저씨 발가락은 괜찮을까?

글쎄…

45미터 굴뚝 위에 몰아치는 겨울 칼바람에 잠이 깼다. 발가락에 감각이 없다.

위원장님! 고집부리지 말고 당장 내려오라고요~ 동상 걸린 발부터 치료받자고요.

춥다. 기약 없는 싸움에 몸도 마음도 지쳤다. 하지만 지금 내가 내려가면 우리가 지는 거다.

그러니까 내가 대신 올라간다고!

우리가 일할 여건이 만들어지기 전에는 죽어도 내려가지 않겠다! 처음 굴뚝을 오르며 다짐하고 또 다짐했었다.

제발 좀!!

우리를 길바닥으로 내몬 자본에 대한 분노에
아무리 추워도 나는 얼어 죽지는 않는다.

아~ 형! 그러다 발가락 잘린다고!
제발 고집부리지 마라!!

동지들이 백방으로 알아본 응급처치법 덕분에
동상의 위험에서 벗어났다.
이 정도면 거의 나아간다.

무리하지 말자!
오늘 운동은 여기까지.

오늘따라 유난히 동지들이 보고 싶다. 가족이 보고 싶다.
마주 앉아 얼굴 보고 따뜻한 밥 먹으며 이야기하고 싶다.

2015년 봄.

하나하나 쓸어 모은 모래에
음식물찌꺼기를 섞어 만든 화분 위로
새싹이 돋는다.

투쟁의 싹도 자란다.

힘내십시오!

함께
하겠습니다!

고용 승계 쟁취!
힘내라!
차광호
민주노조 사수!

사랑합니다!
투쟁!

지지하고
응원합니다!

사측이 철거업자를 보내
공장의 사이로탱크를 철거하려 했다.
사이로탱크는 공장가동에
꼭 필요한 장비다.

철거를 막고 공장을 지켜야 한다.

자본가는 이익을 좇아 공장을 떠나면 그만이지만,
노동자에게 공장은 목숨줄이다. 공장은 노동자가 지킨다.

내가 굴뚝을 지키는 동안 열 명의 해복투 동지들은
매일매일 싸움을 이어갔다.

철컹

광호형,
식사요~

굴뚝농성
400일을
넘긴다.

아직 달라진 건 아무것도 없다.
언제 끝날지 알 수 없는 싸움에
나도 동지들도 지쳐간다.

오이냉국 억수로
시원하겠네…

잘 먹을게!

조정기, 사랑한다~

오늘 집회 잘 다녀오고!

실시하라!

분할매각 중단하고 공장가동 실시하라!

서울 올라가면서
지루하지 않게
한 곡 뽑겠습니다.

투쟁 가는데 힘 있는
노래 좀 불러봐라.

갑시다.
서울로!

투쟁!

단결 스타케미칼 투쟁!

마하트마 간디는 말했다.

처음에 그들은 당신을 무시한다.
그다음 당신을 비웃는다.
그다음 당신과 싸우려 든다.
그러면 당신은 이길 것이다.

스타 케미칼

단력 스다케미칼 특세

가버린 세월을 탓하지 마라 지나간 청춘일랑 욕하지 마라
아직도 태양은 우리의 머리 위에 빛나고 있다

앞으로 또다시 앞으로 끝없는 우리가

어용이라는 괴물

유명자

동지들, 투쟁의 피곤함으로 잠들어 있을 시각에 이렇게 문자를 보내 미안합니다. 스타케미칼에서 해고된 지 1년 5개월입니다. 싸우고 싶어도 자본가와 싸우기는커녕 어용과도 제대로 한번 싸워보지 못했습니다. 한국합섬 5년 투쟁 때 지금보다도 훨씬 어렵고 힘들었지만 우린 하나되어 자본에 맞섰고 이긴 경험이 있습니다. 스타케미칼 김세권 사장은 폐업 공포를 가진 노동자들을 이용해 노노분열을 획책했고, 자본가의 앞잡이가 된 어용 집행부는 조합원의 고용과 권리를 지키기는 고사하고 우리 투쟁의 가장 큰 장애물이 되었습니다. 도저히 용납이 되지 않고 노동자로서 용서할 수가 없습니다. 스타케미칼 김세권은 우리의 고용을 책임져야 합니다. 절박한 심정으로 고공농성에 나섰습니다. 힘차게 싸우겠습니다. 투쟁!

－굴뚝에 오른 후 차광호가 보낸 문자메시지

한국합섬·HK(이하 '한합')는 폴리에스테르 원사를 생산하던 회사였다. 2005년부터 경영악화를 이유로 부분 휴업을 거듭했으며, 2006년부터는 대규모 인력구조조정을 단행한다. 이 과정에서 노동조합은 정리해고 반대 투쟁을 전개하여 2006년 9월 해고 철회에 합의하는 등 승리를 하기도 했다. 그러나 그사이 회사가 노동조합을 깨기 위한 용역 운영으로 원료대금까지 탕진하는 바람에 법정관리를 통한 회생절차가 제대로 진행되지 못했다. 결국 한합의 파산선고가 이루어졌으며 노동자들은 공기업화를 통한 회사 회생 및 생존권 보장을 요구하며 다시 투쟁을 벌이기도 했다. 이후 산업은행이 한합의 자산 매각을 추진하여 2010년 9월 우선 협상대상자로 스타플렉스가 선정됐다. 스타플렉스는 옥외광고용 플렉스(Flex) 원단을 생산한다. 1985년에 설립된 이래로 광고용으로 사용되는 사인 소재를 전문적으로 생산하고 판매하는 전 세계를 매출처로 하는 업계 선두주자이다. 스타케미칼은 스타플렉스의 자회사다.

회사에 청춘을 다 바친 노동자

2014년 5월 27일, 이른 아침부터 문자와 SNS를 통해 또 한 명의 해고노동자의 고공농성 소식이 들려왔다. 구미에 있는 스타케미칼 해고자 차광호가 가동이 중단된 공장 안의 45미터 굴뚝에 올랐다는 것이었다.

스타케미칼은 2010년 한합을 인수해 약 2년간 공장을 가동하다 2013

년 1월 일방적으로 청산을 발표하며 공장 가동을 중단했다. 이후 차광호를 대표로 한 스타케미칼 해고자복직투쟁위원회(이하 '스타해복투')는 스타케미칼 분할매각을 즉각 중단하고 공장을 가동하라는 것과 해고노동자들의 고용을 책임지라는 것, 두 가지 요구를 걸고 투쟁했다.

길고 긴 투쟁 속에서 흔히 말하는 자본과 손을 잡은 어용세력이 등장했고, 함께 싸운 조합원들 사이엔 갈등이 생겨났다. 상급조직(금속노조)의 지지나 지원을 받지 못한 채 소수의 싸움이 될 수밖에 없었고, 노동운동 진영 내 갈등 등의 문제도 겹쳐졌다. 많은 어려움을 안고 있는 투쟁사업장이었다. 바로 그 이야기, 한합과 2006년부터 5년여의 장기투쟁을 벌인 끝에, 매각된 스타케미칼 공장에서 일한 지 2년도 못 돼서 다시 거리로 쫓겨난 노동자들의 10여 년 투쟁 이야기를 하려 한다.

"지금의 싸움을 보려면 그 전의 한합 투쟁부터 연계하지 않으면 힘들다. 2006년 당시 1월부터 공장의 모든 하청이 사라지기 시작하고 2월에 사측은 일방적으로 정리해고에 들어간다. 이후 800여 명 중에 120명 정도가 희망퇴직, 300여 명이 회사의 편으로, 민주노총을 지키고자 한 사람은 400여 명이 남게 된다. 그렇게 5년간 이어지는 한합 투쟁을 시작했다."(스타해복투 홍기탁 부대표, 〈오마이뉴스〉 인터뷰)

그 후 사측은 노조를 깨기 위해 250~300억 원 정도를 투입해 가면서 용역과 구사대(회사를 구하는 조직이란 뜻으로, 사측에서 노조에 대항하여 만든 비조합원 조직)를 동원한다. 노사 합의를 이루었으나 회사는 결국 2007년 파산하고,

돌아가지 않는 빈 공장을 노동자들은 '계속해서 지켰다'.

스타케미칼 해고자 대부분은 1994년 입사자들부터 해서 그 즈음 한합에 입사한 노동자들이었다. 그들이 외치는 '청춘을 다 바쳤다'라는 말에 절로 고개가 끄덕여지는 이유다. 굴뚝에 올랐던 차광호는 한합에 1995년 8월 7일 입사했다. 그런 그가 스타해복투의 대표가 되었다.

한합 파산과 스타플렉스의 인수

스타해복투 사람들을 처음 만난 것은 2008년 봄쯤이었다. 당시 한합 본사가 서울에 있었기 때문에 그들은 상경투쟁을 했다. 재능교육 투쟁이 2007년 12월 21일 시작되었으니 아직 투쟁 초기였다. 당시 같은 시기 서울에서 투쟁을 벌이던 기륭전자, 이랜드·뉴코아, 코스콤 비정규직 등과 공동투쟁을 하던 중이었다. 상경투쟁을 하던 한합 조합원들은 서울에서도 힘찬 연대를 보여주었다. 빨간 조끼를 입은 200여 명의 조합원들이 혜화동로터리 신호등을 건너 재능교육 앞으로 오던 모습은 지금도 잊히지 않는다. 한 마디로 표현하자면 감격 그 자체였다.

차광호는 후배들에게 일을 가르치면서 노동자 의식에 눈을 떴고, 대의원부터 노동조합 활동을 시작했다. 2007년에는 수석부위원장이 되었다. 이전의 그는 "공산당이 싫어요"라는 말이 당연하다고 생각할 만큼 노동운동과도 거리가 있었다고 한다.

당시 한합은 부당한 내부거래, 부자 간 경영권 다툼, 무리한 해외 투자, 중국 폴리에스테르 공장을 비롯한 대형공장들의 생산 중단 등 내·외부에서 위기를 맞았다. 경영진은 이러한 상황을 모면하기 위한 도구로 노동조합을 삼는다. 2005년 12월, 한합은 노동조합을 완전히 깨부순 이력을 가진 효성 출신 경영자를 스카우트했다. 노동조합을 부수고 구조조정을 추진하기 위한 준비를 시작한 것이다.

　2005년 7·8월 임금·단체협약(이하 '임단협')을 마무리하며 회사 측은 밀려있는 체불임금과 복지형태의 급여들을 지급하겠다고 노조와 합의했다. 그러나 약속한 기간까지 이행하지 않았다. 노조는 12월부터 다시 투쟁에 들어갔고, 회사는 조·반장을 중심으로 포섭작업을 시작했다. 이들은 철저하고 세밀하게 회사의 지시를 받는 이들이었다. 구사대인 것이다. 공장 안 노동자들의 결집력과 유대감을 깨뜨려 노노갈등을 유발시키기 위한 작업이었다. 노조는 이런 과정의 증거들을 포착하고 모든 과정들을 조합원과 공유했다. 노동자들이 흔들리지 않고 결집하자 회사는 2006년 3월 11일 1, 2공장에 300명 이상의 용역을 투입한다. 1공장에는 위원장, 2공장에는 수석부위원장이 일하고 있었다. 본격적인 싸움이 시작되었다. 조합원들은 '용역이 들어왔을 때 쳐내지 못하면 우리는 다 죽는다'라는 각오를 이미 하고 있었다. 밤 11시가 넘어가면서 본격적으로 싸움이 붙었다. 1공장은 1공장대로, 2공장은 2공장대로, 어떻게 하라는 얘기도 없었는데 새벽 1~2시까지 투석전까지 하며 용역을 쫓아냈다. 조합원들은 본관에 이어 공장을 접수하기에 이른다. 힘을 받은 조합원들은 스스로 공장을 가동하기 시작했다. 철저히 사측에 의해 움직이며 노동조합과 대치해왔던 관리자들도 도망을 가서 아예 출근할 생각을 못했다. 사측에 붙어있던 어용들까지 전부 도망갔다. 당시 투쟁 동력은 1, 2공장 800명 정도였다. 조합원들이 자발적이고 능동적으로 나서서 출근부까지 작성하며 마치 자주관리회사와도 같이 공장을 움직였다. 공장 가동이 다시 중단된 것은 오히려 회사에 의해서였다. 그때부터 노조는 공장 밖으로 나와 대치하며 서울 본사 항의 등 본격적인 투쟁을 전개하였다. 약 6개월간 투쟁 후 2006년 9월 초 사측과 합의를 했다. 체불임금과 추석보너스를 지급하고 추석 때부터 공장을 재가동한다는 내용이었다. 합의에 따라 일부 조합원은 추석 전에 미리 공장에 들어가서 원료가 들어오면 바로 가동할 수 있도록 작업을 해놓은 상태에서 추석을 맞으러 갔다. 그러나 자본은 또 합의를 파기하였다. 돈이 없다는 것이었다. 또다시 투쟁을 하게 되었고, 결국 한합은 2007년 5월 28일 파산한다.

서울 공동투쟁 후 한합 조합원들은 구미로 내려갔고, 그 이후로는 자세한 투쟁 상황을 접하지 못했다. 그저 서울의 다른 투쟁사업장들과 별반 다르지 않겠지 하는 생각을 할 뿐이었다. 이미 파산한 공장이 재가동하는 일이 가능할까 하는 부정적인 생각이 들었던 것이 솔직한 마음이었을지도 모른다. 그렇게 희망이 없는 투쟁으로 굳어질 때쯤 벼락같은 소식이 전해졌다.

2010년 8월 한합이 스타플렉스에 매각이 되었고, 3승계(고용, 노동조합, 단체협약)를 쟁취하며 그렇게도 그리던 공장으로 돌아간다는 소식이었다. 이런 일도 일어나는구나 하는 말을 수없이 되뇌었다. 정말 오랜 가뭄 끝에 내린 단비였다. 어쩌면 난 이때부터 우리 재능교육 투쟁도 우리만 포기하지 않으면 반드시 이길 거란 믿음을 갖게 됐던 것 같다. 다른 투쟁사업장의 조합원들도 마찬가지였을 것이다.

'청산'이라는 꼼수

2010년 10월 가동 준비를 위한 부서의 노동자들부터 출근을 시작했다. 본격적인 출근은 2011년 1월부터였고, 3월 11일 첫 제품이 나왔다. 그러나 5년여 만에 돌아간 공장에서도 노동자 신분은 그리 오래 가지 못했다. 스타케미칼은 2013년 1월 2일 공장 청산을 발표한다. 당시 김세권 사장은 경영이 어려워 폐업을 한다고 선언했다. 그러나 이후 희망퇴직금 6개월치 지급을 조건으로 노동자 대부분을 권고사직시켰다. 폐업하는 공장이 희망퇴직금을 지급할 이유는 없었다. 더욱이 스타케미칼 사장은 원료자금을 지불할 돈도 없다더니 500억 원이나 되는 채무를 곧바로 갚고 90% 이상의 지분을 확보했다. 부도가 난 것이 아니었다. 오히려 사장은 지분을 늘려 완벽히 경영권을 확보했다. 헐값에 인수한 스타케미칼을 비싼 값에 되팔아 차익을 챙기고 싶었기 때문이다. 그러나 일방적 청산 발표로 폐업의 공포에 몰린 노동자들은 희망퇴직금 6개월치를 받고 대부분 사표를 냈다. 감히 예상하자면, 2006년부터 5년여의 장기투쟁에 대한 상흔과 트라우마가 남아 있었을 것이다. '사장의 폐업 발표는 구고조정을 위한 노조 깨기'라고 생각한 노동자 28명은 퇴직을 거부했고, 결국 해고되었다. 이미 2013년 2월 금속노조 스타케미칼지회 지회장 유승재는 '청산 매각 관련 합의서'에 조합원 의견을 묻지 않고 직권조인을 한 상태였다. 조합원 총회를 개최하여 의견을 물어야 하는 회사 청산이라는 중차대한 사안을 지회장 독단으로 회사와 합의해 버리는 일은 민주노조의 운영상 용납될 수 없는 일이었다.

청산 절차도, 폐업 신고도 하지 않고 경기 악화를 핑계로 자본 파업을 벌인 스타케미칼은 너무도 손쉽게 노동자 대부분을 잘라냈다. 그런데 사표를 내 고용관계가 완전히 종료된 노동자들에게 스타케미칼은 무슨 이유인지 다시 위로금을 지급한다. 사표를 내면 '스스로' 고용관계를 정리하는 것이므로 이후 사용자를 상대로 권리를 주장할 수 없다. 그럼에도 유승재는 "희망퇴직해도 조합원 유지되니 이후 재가동이나 매각 시 고용을 회사에 요구할 수 있다"는 말로 조합원들에게 사표를 쓰도록 했다. 이후 금속노조 법률원도 "쉽사리 희망퇴직(권고사직)에 합의해버렸던 것은 그동안 투쟁을 통해 전통을 만들어 왔던 금속노조의 정신을 일보 후퇴한 행위"라고 하였다. 당연히 해고노동자들은 이 합의에 동의할 수 없었다. 차광호 외 27명의 해고자들은 스타해복투를 구성하였다. 차광호는 당시를 이렇게 회상한다.

"지회로부터의 지원은 애초부터 없었다. 이때부터 지회는 해고자들을 철저히 고립시키려했다. 청산 합의에 동의하지 않은 차광호 외 27명에 대한 징계제명까지 의결하였고, 금속노조 구미지부는 징계제명을 해버렸다. 사유는 별도 조직을 구성하여 조직에 반하는 행위를 했다는 것이다. 이러한 내용을 1년 넘게 노동운동 진영 내에 말할 수 없었다. 자본가와의 싸움은커녕 어용세력과의 어떤 싸움도 만들어내지 못한 채 홀로 굴뚝에 올랐다."

스타플렉스는 인수한 뒤 22개월의 짧은 기간 동안 공장을 가동하고는 이내 청산이라는 카드를 꺼내든다. 그렇다면 그 속내는 무엇일까? 애초에 인수한 이유는 무엇일까? 차광호는 이렇게 말한다.

"목적은 두 가지다. 첫째는 먹튀다. 국가에서 기업평가를 하는 당시 공장이 가동 상태면 평가금액은 더 높아진다. 가동이 안 돼도 700~800억이 넘는 평가금액이 나와 있었는데 399억에 샀다. 그런 후 다시 가동해서 이익이 되면 계속 가동하고, 이익이 안 되면 스톱해서 먹튀한다. 밑져야 본전이다. 아니 어찌됐든 남는 장사다. 둘째는 이제 다들 알고 있는 강성노조 와해다. 우리는 용역들도 성공한 전례가 없는 노조였다. 자본은 그 부분이 가장 눈엣가시였을 것이다. 김세권은 또한 이전 스타플렉스를 경영하면서 축적한 노조 길들이기 노하우에 자신감도 있었던 듯하다. 당시 위원장을 곧바로 손에 넣은 것만 봐도 알 수 있다."

자본 상황이 정말 어려웠던 것은 아닐까? 진짜로 청산할 계획이 있었던 것은 아니었을까? 이에 대해서도 차광호는 단호히 부정하며 울분을 표했다.

"아니다. 그건 절대 아니다. 스타케미칼지회 초대 지회장인 이정훈이 2012년 임단협을 체결할 때, 가장 핵심이 호봉테이블과 현장인력 문제였다. 원래 약 400명이 가동해야 될 공장인데 168명이 스무 라인 중에 열 라인만 가동하고 있었다. 약 50%만 가동하고 있었다. 문제는 우리 급여가 2005년 월급보다 많지가 않았다는 것이다. 물가만 생각해도 그것보다는 더 받아야 되는데, 경력도 인정되지 않은 금액이었다. 제일 문제는 호봉테이블이었다. 마구잡이식 계산이었다. 또 중요한 것은 비정규직 확대였다. 가동되고 있지 않은 50% 라인을 비정규직으로 채우고 싶었던 것이다. 그러나 이미 자본의 수중에 포섭되어 있는 지회 집행부는 형식적인 파업 하루 만에 자본의 입맛대로 모두 수용해주며 잠정합의를 해버렸다. 자본과 어용 집행부가 한통속이 된 것이다."

내부의 적

돌이켜보면 한합에서 스타케미칼로 인수되어 공장이 재가동될 때, 노조 안의 갈등도 시작되었던 듯싶다. 5년여의 지난 장기투쟁에서 어용의 모습을 보인 조합원들을 받느냐 마느냐의 문제가 있었다. 정답이 있을까? 애초에 싹을 없애야 했을까?

민주노조 내 어용세력과의 싸움에 있어 많은 이들이 내부의 갈등으로만 치부해버리려는 경향이 있다. 이것은 자본과의 싸움에 있어서도 매우 위험한 일이다. 이런 갈등은 노동자의 생존권을 찾기 위한 싸움에 있어서 자본에 칼을 넘겨주는 최악의 상황을 가져오기도 한다. 또한 노동운동 진영 내 타협파가 구사하는 전형적인 물타기 방식의 배경이 되기도 한다.

노조 내부의 갈등과 어용행위는 분명히 구분되어야 한다. 스타케미칼도 내부 갈등을 가진 투쟁사업장으로 인식되었다. 그래서 연대 세력들 역시 갈리게 되었다. 이를 내부의 갈등으로만 여기고 이에 대해 침묵하거나 묵인하는 사이에, 자본은 어용세력을 이용해 공장 파산을 거짓 선포하고 노동자 전원을 잘라내는 일을 서슴지 않았다. 또한 이를 진행하기 위해 자본의 청산 선언 이후 곧바로 어용세력은 차광호 지회장을 탄핵하기에 이른다.

"차광호가 파업을 해서 공장이 망하게 되었다. 무조건 차광호가 사퇴해야만 한다." 어용세력의 논리였다. 파업을 할 때 자본의 전형적인 악선전 논리다. 그러나 그 누구도 그들의 행위를 보며 어용이라 말하지 못했다. 이제야, 모든 것이 명확하게 드러나서야 그들을 어용이라 부른다. 일은 다 벌어지고 무엇부터 수습을 해야 하고, 누가 더 적인지도 모를 상황에 닥쳐서야 말이다. 차광호는 당시를 회상하며 긴 탄식을 하였다.

"어용세력은 (내가) 사퇴하면 (자기들이) 가서 빌어서라도 공장을 돌려보겠다고 얘기했다. 그러나 공장은 가동되지 않았다. 그 후로도 계속…. 1월 7일부터 공장을 세운다고 했다. 당시 우리 집행부도 70~80%는 우리가 책임지고 (공장 재가동 추진을) 해야 된다는 의견이었다. 나는 솔직히 믿음이 있었다. 그 사람들이 그렇게까지 하겠냐고 생각했다. 그런데 나중에 이렇게 겪으면서 명확해졌다. 그때는 누가 어용 이런 소리 안 했다. 다 동지지. 동지였지, 그때는. 내가 제대로 알았어야 했는데 그걸 못 했던 내 잘못이다. 그런 부분들이 있다는 것을 감지했으면 명확하게 증거를 들이대서 추려내든지 뭘 했어야 되는데 내가 못 했던 거다. 그때는 몰랐다. 솔직히 이야기하면 또 공장이 서서 100여 명의 사람들이 한합 투쟁 때처럼 5년이든 얼마든 갈 수도 있다는 부담을 주는 건 아닌가 했다. 조합원들을 볼모로 또다시 그렇게 투쟁해야 되는 건가? 한 번 정도는 다른 사람, 유승재가 해볼 수도 있겠다. 그렇게 믿었던 건데, 나중에 당하고 보니까 그거 이상이더라. 내가 좀 어리숙하다, 원래. 김세권 사장이 청산 선언을 한 시무식 다음 날, 2013년 1월 3일 대의원들 소집해서 사퇴했다. 집행부들은 사퇴하면 안 된다는 의견이 70~80%였다. 근데 어쨌든 내가 사퇴하면서 비대위를 인정해줘버렸다. 나중에야 저들이 그때 자금 문제 때문에 사퇴하라 했다고 하지만, 그것은 이렇게 만들어가기 위해서, 노노갈등을 유발하기 위해서 만들어낸 공작이다. 당시 공급과잉은 사실이었다. 그때 당시에 공장 세운다고 하기 전에 인원 문제로 11월 말부터 노사협의를 하자고 했는데 회사는 일단은 공급과잉이 문제니까 일단은 40% 정도, 열 라인 중에 네 라인을 세우고 나머지 여섯 라인을 돌리면서 순환휴직하자고 했다. 그렇게 합의를 했는데, 1월 2일 시무식 때 100% 다 세우겠다고 뒤통수 때린 것이다. 그때부터 투쟁이 시작되었다."

이후에도 계속되는 그런 그들의 행보를 예상하지 못한 것이 차광호는 천추의 한이라고 말한다.

"이후에 비대위원장을 했던 유승재가 우여곡절 끝에 지회장 당선이 됐다. 결정적으로 유승재가 내건 것은 무조건 권고사직서를 쓴다는 것이었다. 그 이유가 공장이 재가동되면 권고사직서를 쓴 사람에 한해서만 공장에 재

취업시키겠다는 거였다. 권고사직서를 쓰지 않은 사람은 공장이 가동되어도 일을 못 시켜준다는 거다. 조합원들에게 이 어려운 시기에 실리를 찾아야 된다, 안 되면 돈이라도 더 받아야 된다, 이렇게 사전 공작을 해놓은 상태였다. 168명 중에 100명이 우리 민주노조 투쟁(한합 투쟁)을 통해 들어간 사람이다. 68명은 어용인데, 30여 명은 저 회사(스타플렉스)에 붙어서 왔던 자들이고, 나머지는 회사가 공작해서 들어온 자들이다. 그중에 차광호, 홍기탁 부류만 빼버리면 나머지는 공장 돌아가는 데 문제없겠다고 생각한 거다. 지회장은 사직서를 쓰게 되면 법적으로 문제가 되는 걸 아니까 끝까지 혼자만 사직서를 안 썼다. 139명이 권고사직서 쓰고, 나머지 29명은 해고를 당한 거다. 우리 해복투 만든 28명과 유승재 포함 29명."

모든 것이 상식적으로 이해가 안 되는 이런 상황이 과연 민주노조에서 일어날 수 있는 것인가? 차광호 또한 한숨을 쉰다.

"맞다. 상식이 안 통하니 그렇게 되더라. 문제는 그때 금속노조 간부로 나가 있던 자가 조합원들한테 밝히지 않았다는 거다. 권고사직서를 쓰게 되면 법적으로 아무 효력을 가질 수 없고, 그렇게 해선 안 된다는 내용을 알리지 않았다. 지회장만이 아니었다. 금속노조 지부 다른 간부들도 벌떼같이 일어나서 얘기하더라. 우리가 그것을 폭로하면 싸움이 되는 거다 하며…"

차광호의 얘기를 듣는 내내 학습지노조와 재능교육지부의 어용세력과 오버랩되며 머릿속을 떠나지 않았다. 우리도 당시에는 어용세력들의 행보가 자본과 타협하거나 투쟁을 회피하고자 하는 목적인지 알면서도 말하지 못했다. 스타해복투도 마찬가지였을 것이다. 그 이유는 여러 가지다. 자본과의 싸움이 우선이라는 당연한 이유도 있었을 것이다. 하지만 노동운동 내에는 이미 '내부의 적'이 똬리를 틀고 있었다. 넓고 깊게….

굴뚝에 오르다

이런 고립되고 열악한 상황들을 안고 스타해복투의 해고자들은 투쟁을 다시 시작한다. 조합원들이 모임을 한다고 하면 찾아 가고, 계속 문제를 제기하며 다시 투쟁을 만들어보려 한다. 그러나 조합원들 간 몸싸움이 있기도 하고 심지어는 두들겨 맞는 일도 생긴다. 서로 고소·고발하는 지경에까지 이른다. 자본과의 싸움을 만들어가기는커녕 어용 지회의 계속되는 고립 공작과 방해로 노조에서 징계제명이 되었고 2년여 가까이 금속노조에서 지원받아야 할 신분보장기금조차 지급받지 못했다. 당연히 어떠한 투쟁 지원도 없었다. 그렇게 시간이 지난 후, 끊임없이 자본과 이어져있던 어용 집행부는 2013년에 이어 또다시 기가 막힌 합의서에 도장을 찍는다. 2014년 5월 26일 합의한 내용은 회사는 사직서를 낸 조합원과 해고자에게 각각 위로금 520만 원, 1,000만 원을 지급하고, 노조는 모든 자산 매각에 있어 일체의 방해 행위를 하지 않으며 어떠한 보상도 요구하지 않고 완전히 회사에서 철수한다는 것이었다. 지회는 곧바로 지회비품을 모두 처분하고 조합비 5,000여 만 원을 챙겨 공장에서 완전 철수한다.

해복투 해고자들이 오래전부터 우려했던 일이 일어난 것이다. 공장 등을 완전히 철거하게 되면 그때는 무엇을, 어떻게 할 것인가? 2014년 1월부터 상경투쟁을 하며 진행한 회의의 주된 논의가 향후 공장 투쟁을 어떻게 할 것인가였다. 전면적인 투쟁에 대해 이견도 있었다. 예를 들어 공장이 가동이 안 돼서 어쩔 수 없이 위로금으로 정리해야 될 상황이 오면 의견을 모아봐야 되는 거 아닌가 하는 쪽도, 무조건 공장 가동할 때까지 싸워야 한다는 쪽도 있었다. 결국은 우선 싸워보자는 쪽으로 정리가 돼서 전면 투쟁을 결의한다. 그렇게 치열한 고민과 논의를 거치며 차광호는 굴뚝에 오를 결심을 한다. 어용 집행부가 또다시 청산합의서를 작성한 다음 날 새벽이었다. 차광호는 어떻게 그런 힘들고 외로운 극한의 싸움을 결심했을까?

"1월부터 함께 논의와 논쟁을 해왔다. 5월 27일 새벽에 오를 수밖에 없었던 것은 5월 26일 합의 때문이었다. 그동안 투쟁을 안 해왔으면 굴뚝 올라갈 생각도 못했을 거다. 조합원 역량이 늘어나고 투쟁과정에서 발전해가고 한다면 시간을 두면서 하는 게 맞다. 일반적인 투쟁은 그렇다. 그런데 우리는 열두 명뿐이었다. 처음에는 해고자 28명이 논의를 했다. 1,000만 원 받고 그만둬야 하는 상황인데 그럴 수 없다는 게 반 이상이었다. 그런데 생계문제가 있지 않느냐, 나도 먹고살아야 되고 가족들도 먹고살아야 되는데 그럼 어떡하냐, 그래서 또 논쟁이 붙는다. 그러면 어떻게 하는 게 가장 좋으냐, 전면전 붙는데 생계 갔다가 저녁에 올 사람 오고 그게 가능 하냐, 그건 안 된다, 회의 속에서 이렇게 결론이 났다. 안타까움이 있지만 전면적으로 진행하지 않으면 안 된다는 것이 원칙이었다. 그렇게 할 사람들 모여서 하는 걸로 결론이 났다. 이런 논의가 5.26 합의 4~5일 전이었다. 돌아다니면서 계속 조직했는데도 열두 명 남았다. 길게 보고 조합원들 동력이 있고 싸울 역량이 있으면 굴뚝 안 올라간다. 예전 한합 투쟁 5년 할 때도 굴뚝은 안 올라갔다. 그때는 싸울 다수의 조합원들이 있었으니까⋯."

그 당시를 떠올리며 담담히 말을 하는 그의 표정에서 많은 고민이 있었음이 고스란히 전해졌다. 차광호가 홀로 공장의 굴뚝에 올랐다는 소식을 듣고 가장 먼저 든 생각은 '왜 혼자 올라갔지?'였다. 대답은 간단했다. "사람이 없었다. 원래는 한 명 더 갔으면 좋겠다는 생각도 했다. 혼자는 너무 외롭기도 하고 여러 가지로⋯." 사람이 없었다.

모든 사람이 깊이 잠들었을 새벽 2시 40분에 침낭 하나, 물 두 병, 플래카드 넉 장, 생필품, 칫솔, 치약, 속옷이 든 배낭을 메고 45미터 굴뚝을 오르며 그는 무슨 생각을 했을까?

"올라가고 난 이후에 자꾸 생기는 게 해복투 동지들에 대한 뭐랄까, 동지애라고 그러면 제일 맞을까? 정말 힘들게 투쟁하고 어려운 과정을 계속 같이 해가는 이 동지에 대한 사랑, 이런 것들이 견디게 하는 힘이 되더라. 올라가기 전에는 내 말이 맞니 니 말이 맞니, 싸우고 논쟁하고⋯. 같은 노조 조합원이다, 이 정도 생각이었는데 올라와서 보니까 그것을 뛰어넘더라. 어쨌든 자본이 일방적으로 제 욕심만 채우고 노동자들을 함부로 하는 것에 대해서 도저히 용납할 수 없다는 것 하나, 이 조합원들 어쨌든 같이 먹고 살 수 있으면 좋겠다는 것 하나, 이 두 가지였다. 또한 끝까지 싸운 해복투 동지들이 대접받아야 된다는 생각도 있었다."

그가 지녔을 한 조직의 대표로서의 책임의 무게가 느껴졌다.

"집사람한테 그냥 철야농성 들어간다고 얘기했다. 당분간 못 들어온다고 옷을 챙겨달라고 했다. 굴뚝이라고 얘기할 수 없지. 굴뚝에 올라간다, 집사람한테 이야기하고 어떻게 올라가겠나? 말리지, 올라가게 놔뒀겠나?"

가족에게도 알리지 못한 채 그는 그렇게 높은 하늘로 올라갔다.

끝내 이기리라!

차광호의 굴뚝농성이 기네스북에 오를 만한 시간인 408일이나 계속되리라고는 아무도 예상하지 않았다. 아니 그렇게 되어서도 절대 안 될 일이었다. 고공농성은 늘어만 가고 있었고 어디나 마찬가지지만 처음에 집중된 조명은 시간이 가면서 쉽게 사그라지기 마련이다. 하물며 노노갈등 사업장으로 낙인찍힌 채 투쟁의 본질은 정확히 알려지지 않은 상태로 고공농성에 돌입한 것이다. 집행부라고 주장하는 어용세력이 엄연히 존재하고 있었고, 지역 지부에서도 전폭적인 지원을 기대할 수 없는 상황이었다. 고공농성은 물론 안 올라가는 것이 제일 좋고, 올라간다면 최대한 짧은 시간 내에 마쳐야 한다. 그러나 올라간 당사자가 끝까지 싸우겠다면 땅 위의 사람들은 무엇이든 해야만 한다. 5년의 장기간 투쟁 끝에 복직한 공장에서 2년도 못 되어 또다시 복직투쟁을 해야만 했던 이들이다. 말 그대로 청춘을 바친 이들이었다. 그것을 알고 있는 이들은 무엇이든 만들어내려 했다. 민주노조의 정신이 무너지는 것, 청춘을 바쳐 일구어 온 현장을 고스란히 뺏길 수 없다는 절박함은 차광호뿐만 아니라, 스타해복투뿐만 아니라, 함께하고자 하는 모두의 몫이었다. 그런 절박함으로 지침에 의한 형식적인 희망의 버스가 아닌 모두가 운전자이고 승객인 목적지가 어딘지를 분명히 아는 해방의 버스를 운행하였다.

그 해방의 버스를 누구보다도 손꼽아 기다렸을 차광호의 심정은 어땠을까? 차광호가 올라가 있을 때는 이미 고공농성장이 몇 군데나 있었고 스타케미칼은 많이 이슈화되지 못했다. 아래에 있는 사람 입장에서는 많이 안타까웠다. 다른 고공농성이 부각되고 조명받는 것에 비교돼 느끼는 상실감도 있었을 것이다. 그래서인지 기존의 형식이나 내용과는 다른 소수의 사람들이 희망버스를 준비했다. 그에게 희망버스가 준 의미는 무엇이었을까?

"고공농성 하면서 느낀 게 있는데, 70~80일에 첫 번째 고비가 온다. 그러나 스스로에 대한 믿음이 있었다. 외부로 확 알려지지도 않은 상태에서 1차 희망버스가 왔을 때가 89일째인데 '아, 나는 이 동지들만 같이 있어도 충분히 버틸 수 있다' 하는 생각을 했다. 그런 생각이 1차 희망버스에서 가장 큰 힘이었다. 그것도 있었지만 우리 해복투 동지들과 지역 동지들이 손발을 맞춰서 어려운 과정 속에서 그렇게 열심히 한다는 그 자체가 나한테 되게 힘이 되었다. 그런 것들이 408일 가는 데 충분한 힘이 됐다."

그러나 하루 반짝 밀물처럼 왔다가 썰물처럼 빠지는 사람들이 몇 백 일을 더 버티게 하는 힘이 되기는 힘들었을 것이다. 내려가야겠다는 갈등은 없었을까?

"4월에 내려가려고도 생각했었다. 2015년 4월 24일 민주노총 총파업 시점에서 내려오는 게 어떻겠냐는 제안과 권유가 많았다. 그런데 그것을 이겨냈던 하나의 계기가 셀카였다. 2~3월에 무척 어렵고 힘들 때 셀프카메라를 혼자 위에서 찍었다. 찍은 걸 다시 보니 내려가려고 했던 마음이 싹 사라지더라.(웃음) 내 자신이 발언하는 걸 보면서…. 혼자 있으니까 내가 무엇을 어떻게 생각하고 있는지 모른다. 혼자 자아도취에 빠지기도 하고, 혼자 아무렇게나 생각할 수도 있다. 혼자 있으니까 누구하고 이야기도 할 수 없고, 밥 주러 와도 45미터 떨어져 있어서 고함을 질러도 소리가 안 들린다. 혼자 생각으로, 혼자 모든 걸 판단하고 결정해야 되는 상황이 매우 힘들더라. 그 셀카를 보니 초심, 올라올 때 마음이 탁 들더라. 내려가는 건 당연히 할 수 있다. 그러면 밑에 있는 우리 열 명의 동지들은 뭔가 하는 생각이 들더라. 내가 유승재하고 차이나는 게 뭐 있나? 나는 끝까지 하겠다."

그렇게 혼자 결의를 다지며 버티는 그에게도 연이어 전해지는 가족들의 안타까운 소식은 너무나 힘들었다고 한다.

"두 가지 일이 있었다. 올라가고 얼마 안 돼서 장인, 장모가 암 투병을 시작했다. 다행히 수술이 성공했다. 장인어른, 장모님은 내가 외국에 나가서 일하고 있는 줄 알고 계셨다. 그리고 두 번째는 2015년 3월 12일 아버지, 어머니께서 오토바이 타고 가시다 8톤 트럭하고 박은 큰 교통사고가 있었다. 그때 그런 것 때문에도 4월에 내려오려고 마음이 생겼을 것이다."

차광호가 그렇게 힘겨운 자신과의 싸움을 하는 사이 굴뚝 아래에 있던 해고자들도 투쟁기금이 거의 바닥나면서 생계로 많이 힘들었다고 한다. 십시일반 거출하여 운영비를 충당하던 상황이었다. 1차 희망버스를 준비할 즈음 스타플렉스 본사가 있는 서울 목동에도 농성장을 꾸렸다. 물론 자본은 방해금지 가처분 신청을 하는가 하면 공장 내 핵심 시설 중 하나인 사이로 탱크를 절단하겠다고 철거업자를 진입시키며 반복적으로 도발하였다.

이렇듯 타 투쟁사업장에 비교해서 많은 어려움이 있었던 스타해복투는 사측과 교섭을 시작하게 된다. 간간이 내용 진전 없는 교섭이 진행되고 있다는 소식이 전해졌다. 그런데 굴뚝농성 406일 차에 잠정합의를 했다는 소식이 벼락같이 전해졌다. 물론 말할 수 없이 기쁜 것은 두말하면 잔소리였지만, 워낙 최근 투쟁사업장들의 합의내용에 문제가 많았던 터라 우선은 그 내용이 중요했다. 그리고 마지막 조인식을 할 때까지 별 탈이 없기를 바라며 조마조마한 마음으로 소식을 기다렸다. 다음 날 드디어 합의를 하고 조인식을 했다는 낭보가 전해졌다.

그 내용은 1. 고용 보장(별도의 법인을 설립하여 11명에 대해 고용을 보장한다. 법인 설립 및 고용은 2015년 12월 31일까지 완료) 2. 노동조합 및 단체협약(노조를 인정한다. 2016년 1월 내에 단협을 체결한다.) 3. 생계 및 생활 보장(위로금 지급과 법인 미설립 시 월급 지급) 등과 민형사 소송의 법률적인 처리에 관한 내용이었다. 정식 복직까지 신설 법인 설립 등에 대한 중요한 과정을 기다리고 확인하는 것이 남아 있기는 하지만 일단은 승리였다. 많은 이들이 자신의 일처럼 환호하고 기뻐했다. 무엇보다 불상사 없이 안전하게 내려온, 더욱이 승리를 안고 땅을 밟아준 차광호에게 감사의 마음이 들었다.

물론 땅을 밟는 일 역시 순탄치 않았다. 경찰에 연행된 채로 우리 측이 아닌 검사가 지정한 병원에 데려가서 제대로 검진조차 받지 못하고 곧바로 경찰 조사까지 받아야 했다. 세계 유래가 없는 최장기 굴뚝농성을 하고 땅을 밟은 해고노동자에게 보인 대한민국 검·경의 모습이다.

다시 노동자로 당당하게

먹튀 자본과의 싸움도, 어용세력에 대한 폭로도 하지 못하며 1년여 넘는 시간이 지난 후에 선택한 극한의 투쟁, 굴뚝농성. 그들은 "인생을 올인했던 싸움. 하지만 아직 끝나지 않았다"고 말한다. 회사와의 합의를 현실로 만들어내는 중요한 일이 남아 있기 때문이다.

또한 그만큼 중요한 과제가 하나 더 남았음을 말하고 싶다. 스타케미칼에서 일어나는 일들을 곁에서 바라보며, 겹쳐지는 많은 일들을 떠올려 보았다. 2,822일의 비정규직 최장기 농성 투쟁을 승리로 마무리하고도 어용세력에 대한 과제가 남아 있는 재능교육 투쟁처럼 말이다. 교사노동자들의 임금(수수료)을 대폭 삭감하는 제도를 들이 민 자본을 향해 저항하는 게 아니라,

오히려 조합원들을 향해 "합의하지 않으면 싸워야 한다. 앞으로 회사가 노조와 단협을 맺지 않을 수도 있다. 조합원들이 해고를 감수하고 싸울 수 있느냐?"라고 협박을 하던 이현숙 집행부였다. 회사의 일방적인 청산에 단 한 번의 저항도 없이 오히려 앞장서서 노동자들에게 사표를 받아내며 공장 문 닫는 데 공을 세운 스타케미칼지회 유승재와 꼭 닮은 모습이다. 그에 맞서 싸움을 시작했지만, 그렇게 함께 싸움을 시작했던 조합원들이 단체협약을 후퇴시키는 일을 저지르며 투쟁을 끝내버렸다. 2,000여 일의 투쟁 동안 재능교육이 조합원들에게 저질렀던 집단해고, 구사대·용역의 갖은 폭력 등에 대한 면죄부를 쥐버렸다. 그들이 그렇게 현장으로 복귀해버린 후 남은 세 명(강종숙, 박경선, 유명자)은 노조의 어용세력으로부터 조합원 징계·제명까지 당하면서도 2년여를 더 싸워야 했다. 끝내는 재능교육과의 합의를 이뤄내며 2,822일이라는 비정규직 최장기 투쟁을 마무리하였다.

장기투쟁을 하는 해고노동자들은 가면을 쓰고 살아야 한다. 두드려도 두드려도 무너지지 않는 두터운 벽, "다른 곳에 가서 먹고살지, 왜 저러고 살아? 빨갱이들이지…. 쯔쯔" 하는 편견과 멸시 속에 내던져진 우리들은 그 고통을 내보이지 못한다. 자본 앞에서는 그들보다 더 독한 모습으로 버텨야 했고, 연대하는 이들 앞에서는 언제나 꿋꿋하게 싸우는 모습으로 서야 했다. 누구에 의해서가 아닌 스스로의 마음이 그러했다. 일종의 강박이랄까?

많은 사람들은 해고노동자들에게 힘들면 힘들다, 아프면 아프다, 슬프면 슬프다 말하고 살라고 한다. 어쩌면 앞서 말한 우리 스스로가 만들어낸 강박들이 두터워지고, 어느새 가면을 벗어버리지 못한 이들은 솔직함을 선택하지 못하고 우리를 거리로 내몰았던 자들의 손을 잡는 것으로 그 고통을 털어내고 싶었는지도 모른다. 좀 더 자신의 가면을 벗고 솔직해졌더라면 어용이라 불리는 괴물은 되지 않았을까? 그럼에도 우리는 그들이 했던 모든 행위에 대해 이제 말해야 한다. 그리고 끊임없이 잘못을 깨닫고 사과하라고 말해야 한다. 그것이 바로 노동자의 자존심이며 너무도 정상적인 상식과 기본을 지키는 것이다. 그리고 더 이상의 차광호를 만들어내지 않는 길이기도 할 것이다.

고민각, 김덕원, 김진원, 김옥배, 박준호, 박성호, 손남호, 정병옥, 조정기, 차광호, 홍기탁. 스타케미칼 해고자들이 당당한 노동자로 일하는 그날을 응원해본다.

2006. 3월   한합, 용역·구사대 150여 명 앞세워 구조조정 전면화. 일방적 정리해고 강행.

2006. 6월   한합 노조, 정리해고·구조조정 분쇄투쟁 승리. 정리해고 철회. 당시 조합원 수
             1공장 380여 명, 2공장(현 스타케미칼) 420여 명, 총 800여 명.

2006. 9월   한합, 운영자금 300억 원이 구조조정에 대거 투입되면서 재정악화 심화. 법정관
             리신청.

2007. 5월   한합 최종파산.

2010. 7월   스타플렉스와 산업은행, 한국합섬 인수 합의. 3승계(고용, 단협, 노조) 및 공장정상화
             에 합의.

2010. 10월 스타플렉스와 재가동을 위한 협상(지회장 이정훈). '스타케미칼'로 사명 변경. 지회
             명 '스타케미칼지회'로 변경.

2011. 3월   공장 재가동.

2011년   임단협 - 핵심쟁점인 현장인력, 호봉테이블 문제를 2012년 논의사항으로 넘기고, 기
             본급인상 및 타결축하금, 현장 일부 비정규직 허용 등으로 마무리. 무쟁의 5년 이면
             합의.

2011. 11월 2대 집행부(지회장 차광호) 출범.

2012. 4월   임단협 시작 - 사측, 비정규직 전면 허용하지 않으면 회사 문 닫겠다고 요구.

2013. 1. 2. 사측 보충교섭에서 청산을 공식 언급.

2013. 1. 3. 차광호 지회장 사퇴. 비상대책위원회(위원장 유승재) 발족.

2013. 1. 15. 공장가동 전면 중단.

2013. 2. 4. 지회, 사측 '(주)스타케미칼 청산 관련 합의서'에 합의(직권조인). 조합원 168명 중
             139명 권고사직 제출.

2013. 2. 17. 권고사직서 미제출 29명 해고통지.

2013. 2. 19.   스타케미칼지회 해고자복직투쟁위원회 결성(28명).

2013. 3. 4.   지부 운영위에서 차광호 외 5명 징계. 제명 결의.

2013. 6. 19.   금속노조 징계위원회 개최 – 차광호 외 5명 '징계사유 없음' 결정.

2014. 5. 26.   스타케미칼 김세권 사장과 지회 유승재 지회장 '청산 · 매각 관련 합의서' 직권
                조인. 합의서에 따라 지회 공장에서 완전 철수.

2014. 5. 27.   해복투 차광호 대표 무기한 굴뚝고공농성 돌입.

2014. 8. 23.   스타케미칼 1차 희망버스(800여 명).

2014. 11. 19.   서울사무소(목동 CBS빌딩) 앞 노숙농성투쟁 돌입.

2014. 11. 29.   스타케미칼 2차 희망버스.

2014. 12. 17.   1차 교섭(23개월 만에 교섭).

2015. 1. 6.   서울사무소 앞 화요문화제 시작(매주 화요일).

2015. 3. 10.   사측 사이로탱크 철거 작업 강행. 해복투 저지 투쟁.

2015. 5. 26.   굴뚝농성 1년.

2015. 7. 6~7.   합의.

2015. 7. 8.   굴뚝농성(408일) 해제.

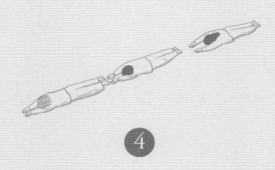

4

'비정규직'이라는 단어가 없어졌으면

·

기륭전자분회

주호민

만화

1981년생. 2005년 군대 체
험기인 《짬》으로 데뷔. 2008년 야
후 카툰세상에 《무한동력》을 연재했다.
2010년부터 3년 동안 네이버 웹툰에 대표
작 《신과 함께》를 연재하였다. 이후 《셋
이서 쑥》, 《만화전쟁》 등 다양한 장르
의 만화를 꾸준히 연재하고
있다.

르포

노동자의 삶과 투쟁을 기
록하고 있다. 함께 쓴 책으로 르
포집 《우리의 소박한 꿈을 응원해줘》,
《여기 사람이 있다》, 《섬과 섬을 잇다》
등이 있다. 민중언론 〈참세상〉에
'연정의 바보 같은 사랑'을
연재 중이다.

연정

하종강의 노동학개론*, 오늘은 기륭전자 조합원 두 분을 모셨습니다.

2014년 11월 합정 국민TV

안녕하세요, 분회장 유흥희입니다.

조합원 박행난입니다.

오늘도 만화가 주호민 씨 나왔습니다.

혹시 두 분은 《신과 함께》라는 만화를 보셨습니까?

푸흡

…아니오…

듣보…

하하하! 선생님, 제발 그런 질문은…

기, 기륭전자가 뭘 만드는 회사지요?

네, 인공위성 수신 라디오와 네비게이션을 만드는 회사였어요.

*국민TV 라디오에서 2014년 4월부터 12월까지 방송한 팟캐스트. 노동현안을 다뤘다.

그럼 일단 처음부터 시작해볼게요. 어떻게 취업하시게 됐어요?

ON AIR

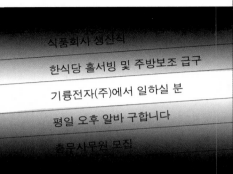

2005년도에 인터넷 벼룩시장의 구인광고를 보고 찾아갔어요.

식품회사 생산직

한식당 홀서빙 및 주방보조 급구

기룡전자(주)에서 일하실 분

평일 오후 알바 구합니다

총무사무원 모집

가리봉역(지금의 가산디지털단지역)으로 나오면 봉고차로 태워간댔죠.

가리봉역

여기예요!

시간 맞춰 갔더니 바로 봉고차에 실어서… 열 명 쯤 됐을 거예요.

저랑 비슷한 또래도 있었고 연세 드신 분도 계셨어요.

그렇게 태워져서 도착한 곳에 '기룡전자'라고 간판이 크게 있었죠.

기룡전자(주)

저도 봉고차에 태워져서 갔어요.

그땐 그게 파견업체라는 것도 몰랐고…

당시 받으신 임금이
64만 1,850원이네요.

당시 최저임금보다
딱 10원 많은 겁니다.

그땐 그게 최저임금
인줄도 몰랐어요.

그냥 일할 수
있어서 좋았고…

참고로 콜트 · 콜텍* 조합원들은
노동조합을 만들고 나서야
최저임금을 받게 됐죠.

콜트콜텍
정상화

슬프다.
너무
슬퍼요.

그럼 입사하고 얼마만에
해고되신 거예요?

3개월을 못 채웠죠.
노동조합 만들자마자
해고 통보가 왔어요.

노동조합을 만들게 된
계기는 뭔가요?

…하루가
멀다 하고
진행되는
해고였죠.

* 기타 제조 회사. 《섬과 섬을 잇다》 1권 참조

집안에 경조사가 있어도, 예를 들면 삼일장이라도 치르고 오면 내 자리가 없어져 있는 거예요.

어? 이제 안 나오셔도 되는데?

…네?

아이가 아파도 조퇴할 수가 없었어요.

지금은 못 가. 엄마가 조금 이따 갈 수 있을 것 같아. 정말 미안해.

누가 아파서 결근이라도 하면 '쟤 잘렸대' 하고 소문이 날 정도로 해고가 아주 간편했어요.

해고

해고

해고

해고 자체가 너무 무서운데 입 밖으로는 낼 수 없고…

마치 내가 잘못해서 잘린 것마냥 느껴지고…

그리고 저희는 파견직이잖아요. 거기 직원과 대우가 하늘과 땅 차이이었어요.

지각을 조금이라도 하면 몇 천 원씩 임금을 깎고…

일하다 자기 마음에 든 사람은 쉬운 라인으로 보내고, 마음에 안 들면 힘든 일 시키고.

조·반장이 우리 생명줄을 쥐고 흔들어댔어요.

잘리고
싶어요?

...

내가 이렇게까지 일을 해야 하나 하는
생각이 들었죠.

이런 절실함이 모여 노동조합을 만들게 됐어요.

노 동 조 합
가 입 서

노동조합을 만드니까
뭔가 달라지던가요?

끄덕

노동조합 결성한 날
점심시간이 끝나고
업무 시작 종이 울렸는데

삐 ♪

그날 처음으로
걸어 갔어요…

그 전까지는 마구
뛰어야 했거든요.

이제 안 뛰어도 돼.

진짜 처음이었어요.
사람들이 울면서 걸었어요.
너무 기뻐서…!

151

그 전까지 뛰어야 했다니…
상상이 안 갑니다.

그리고 나서 노동조합에
가입한 200명에게
해고 통보가…

으음?!

문자메시지?!
문자로 해고를
했어요?

네, 문자로 왔어요. 문자메시지
자체를 안 써본 직원도 많았는데…

낼부터 회사에
출근치 마시고
궁금한 사항은
저한테 전화
주세요

해고 사유는 다양했어요.
저는 '일감 종료에 의한 거다'
이렇게 왔지만 결근, 말대꾸, 잡담 등등…

KIRYUNG
ELECTRONICS

그렇게 2005년 8월 24일부터
부당해고에 맞선 복직투쟁이
시작되었죠.

이곳은
우리가 돌아가 야 할 일터
기룡 전자입니다!

단식투쟁도 하셨군요.

김소연 전 분회장이 94일간 단식을 했죠.

그때 사진을 보면 사람이 아니에요. 뼈랑 가죽만 남아서…

그렇게까지 한 거는… 너무 절박했어요. 삼보일배, 고공투쟁, 노숙투쟁, 생계투쟁, 안 해본 게 없어요.

우리는 뼈 빠지게 일한 죄밖에 없는데, 불법은 회사가 다 저질렀는데 구속되는 건 노동자고…

유흥희 분회장님도 그때 같이 하셨어요?

네, 67일 하고 폐에 물이 차서 병원에 실려갔죠.

아! 말하다보니까 기억에 남은 일이 생각났어요.

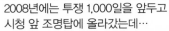
2008년에는 투쟁 1,000일을 앞두고
시청 앞 조명탑에 올라갔는데…

솟구쳐… ♪

차별철폐 외친다…
쓰러진 또 하나의
동지를 보듬어
안고… ♪

덜덜

무슨 소리인가 했더니 같이 오르던
막내 조합원이 〈비정규직철폐연대가〉를
울면서 부르고 있는 거예요.

덜덜

언니, 저 사실
고소공포증이
있어요.

그런데 노래를
부르니까 덜
무서운 거 있죠?

그 말 듣고 왈칵
눈물이 나왔어요.

훌쩍

훌쩍

저도 올라가면서
막 울었어요.

한걸음… 다시 한걸음… ♪

철폐연대에 ♪
발 맞춰 굳세게
더 강하게…

"너무 무섭지만 우리 투쟁이
세상에 알려지면 좋겠다…"

문자해고·잡담해고
오세훈 시장은 기륭문제 서러워서 못살겠다!
해결에 직접 나서라!
금속노조
기륭전자분회

기륭전자 이야기

주호민

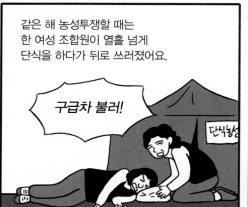

같은 해 농성투쟁할 때는
한 여성 조합원이 열흘 넘게
단식을 하다가 뒤로 쓰러졌어요.

구급차 불러!

단식농성

그래서 병원에 갔더니 글쎄
임신 중이었던 거예요.

헉!
임신부가
단식을?!

아기는
어떻게
됐어요?

우리 세연이…

사진 찍어줄게, 이모!
폼 잡아!

금속
노조

비정규직

건강한 여장부가 됐어요. 밥도 어른처럼 잘 먹고…

그때 태어난 아기가
여섯 살이 됐는데 아직도
싸우고 있군요.

……

농성장이 놀이터인 거예요. 걔가 커서
〈민중의 노래〉를 부르고 〈비정규직철폐연대가〉를
다 부르더라구요…

사람이 사람답게
사는 세상 꼭
찾아오리라~
♪

뜻이나 알고 부르는지… 너무 서글펐어요.

가장 눈물 났던 건
송경동 시인이
포클레인 위에서
사투를 벌일 때…

송 시인이 전깃줄을
붙잡고 몸을 뒤로
누워버렸어요.

**경찰이 물러서지
않으면 바닥으로
떨어지겠다!**

김소연 전 분회장이
붙잡고 있었고…

다 죽일 거냐!

용산 만들 거냐!

그러던 와중에 농성장 앞에서 교통 불편에
항의하던 운전자에게 설명하려다 실족해서
발뒤꿈치가 다 아작 나고…

정말 다시는 생각하고
싶지 않은 끔찍한 기억이에요.

결국 2010년에 노동자 열 명을 복직시키기로 합의했는데…

금속노조-기륭전자 합의문 조인

그것도 회사에서 계속 미루다 3년이나 지나서 복직이 됐어요.

8년 6개월 만에 복직하셨을 때 기분이 어떠셨어요?

음…

펑펑 울었어요!
합의할 때도 펑펑 울고,
출근할 때도 펑펑 울고…

하늘을 날아가는 기분이었죠!

비정규직 없는 세상, 늘 함께 투쟁하겠
8년 만에 일터로 돌아갑니다

그렇게 모든 게 제자리로 돌아갈 줄 알았는데…

그런데… 복직을 해도 월급도 안 주고 4대보험도 안 해주고 업무배치도 없고 한마디로 유령 취급을 당했어요.

엥?
왜요?

우리나라 법으로는 사회적 합의에 대한 강제 조항이 없거든요.

!

맞아요.
분명히 노사 합의를 했지만
그 합의를 부정하고
우리가 회사 직원인 적이
없다고 하는 거예요.

합의를 했으면 당연히
노동자들이 복직해서
일할 수 있도록 해야 하는
책무가 있는데도 불구하고…

"그러면 사회적인 합의를 지킬 수 있도록
강제 조항을 만들어야 하는 거 아니냐?
적어도 기업살인법*처럼."

"그것을 위한 최소한의 틀거리라도
만들어야 되는 거 아니냐?"
지금 그런 것들을 준비하고 있는
과정이에요.

합의를 지키지
않았을 경우에
책임을 지게
할 수 있는
합의를 같이
하면 되는데.

유감스럽게도
그런 조건으로
합의하는 사장은
아직 제가 보지
못했습니다.

게다가 더욱 엄청난 일이
있었군요.

그렇게 복직한 회사가
그해 마지막 날에…

*영국에서 시행되고 있는 법. 안전조처를 소홀히 한 기업이 사망사고를 냈을 경우 기업에 범죄 책임을 부과한다.

네, 회사가 도망이사를 갔어요.

텅 텅

출근을 했는데
아무런 통고도 없이
회사가 텅 비어 있는 거예요.

회사 관계자에게 이사 간 곳이
어디냐고 물어도 '근처'라고만 얘기하고
정확하게 얘기해주질 않았어요.

…기륭전자 조합원
뿐만 아니라 수많은
사람들이 6년을 싸우고
2년 6개월을 기다려서
복직했어요.

그렇게 복직한 노동자들을
외면하면 안 된다는
인간으로서의 최소한의
예의를 지켜주길
바랐던 마음이었는데…

8년을 기다려 복직했다.
기륭전자 최동열은
체불임금 지급하고,
생산라인 설치하라!

벌써 방송을 마칠
시간이 다 되었군요.

ON AIR

유홍희 분회장님,
마지막으로
한 말씀 해주시죠.

사회적 합의를 강제하기 위한
법안 마련이 필요하다는고민에서
지금의 고발운동을 시작했어요.

최동열 회장에게 사기죄와
업무상 배임, 회사를 거덜낸
책임을 반드시 묻겠다는 게
저희들 생각이에요.

박행난 조합원님도
한 말씀 해주시죠.

각오라든지…

글쎄요, 뭐 각오라고
할 건 없구요…

비정규직…

앞으로 '비정규직'이라는
단어가 없어졌으면 좋겠다는
그런 생각이 들었습니다.

오늘 말씀
잘 들었습니다.

감사합니다.

팟캐스트 방송 한 달 후,
2014년 12월 광화문 광장

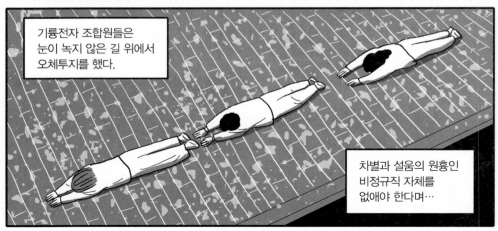

기륭전자 조합원들은
눈이 녹지 않은 길 위에서
오체투지를 했다.

차별과 설움의 원흉인
비정규직 자체를
없애야 한다며…

10년을 싸울 줄은 몰랐어

연정

다시 출근투쟁을 하는 이유

2015년 7월 6일 오전 9시, 서울 상도동 중앙하이츠 아파트 앞. 아침부터 찌는 듯한 여름 날씨에 햇빛 가림 모자와 팔 토시를 착용한 사람들이 피켓을 하나씩 든다. 기륭전자에서 해고되어 10년째 투쟁하고 있는 노동자들이다. 이 아파트에 기륭전자(현 렉스엘이앤지) 최동열 회장이 살고 있어 문제 해결을 촉구하는 아침 출근 시위를 하기 위해 왔다.

"시민 여러분 저희는 기륭전자에서 일했던 비정규직 노동자들입니다. 2005년 문자해고 잡담해고 등 무자비한 해고와 차별 때문에 노동조합을 만들었습니다. 그런데 회사는 비정규직 노동자를 몽땅 해고했습니다. 당시 노동부도 검찰도 회사가 불법적으로 파견노동자를 고용했다고 인정했습니다."

작은 앰프에서 방송 멘트가 흘러나온다. 한 여성노동자가 "기륭전자 최동열 회장은 국회에서 합의한 대로 생산시설 설치하고 체불임금 지급하라"는 피켓을 들고 왼쪽 가장자리에 서자 다른 노동자들도 그 옆으로 자리를 잡는다. 방송 멘트가 이어진다.

"하지만 해고당한 우리는 일터로 돌아가지 못했습니다. 법도 정부도 우리를 보호하지 않았습니다. 그래서 목숨을 걸고 싸웠습니다. 우리는 일하고 싶다고 외치며 공장점거 파업농성, 삭발, 94일 단식, 고공농성 등 1,895일을 싸웠고 시민사회 많은 분들의 힘으로 국회에 들어가 기륭전자 정규직으로 복귀하는 합의를 했습니다."

일렬로 나란히 서 있는 노동자들은 날씨, 오늘 일정이나 전날 먹은 음식 이야기를 나누기도 하고, 휴대폰 카메라로 사진을 찍어 SNS에 올리기도 한다. 오늘은 대학생들이 출근투쟁에 함께 해주었다. 그래봐야 열 명인 단출한 인원이다. 출근 중이거나 아이를 어린이집에 맡기러 가는, 또는 운동을 하기 위해 아파트 앞을 오가는 시민들이 무심한 시선으로 이들을 바라본다. 힘내라며 커피와 음료를 건네고 가는 시민이 있는가 하면, 시끄럽다고 항의하는 시민도 있다.

기륭전자 노동자들은 2005년 무분별한 해고에 저항하기 위해 정규직과 비정규직이 함께 노동조합을 결성하여 파업농성에 들어가 불법파견 정규직화를 요구하며 투쟁했다. 6년 동안 55일 공장 점거농성과 두 차례의 삭발, 세 번의 단식농성과 다섯 차례의 고공농성을 했다. 삼보일배와 50리 걷기, 각종 기관 점거·노숙농성 등 각종 고강도 투쟁을 진행했고, 기륭전자 최대 바이어인 미국 시리우스사와 ILO·OECD 등에 해외원정투쟁도 진행했다. 또한, 매일 아침 출근투쟁과 공장 앞 천막·컨테이너 농성 등 일상에서 셀 수도 없을 만큼 많은 투쟁을 해왔다. 그 과정에서 1인당 평균 서너 차례 이상 연행이 되고, 53억 원의 손해배상 청구를 당하기도 하였으며, 각종 고소·고발에 이어 벌금형을 선고받기도 했다.

투쟁을 시작한지 1,895일이 되던 2010년 11월 1일, 이들은 마침내 끝까지 투쟁했던 열 명에 대한 정규직 복직 합의를 이루어낸다.[1] 기륭전자가 생산 공장을 정리하고 떠난 뒤에도 기륭전자분회 조합원들은 2년 동안 외롭게 공장 앞 컨테이너 농성장을 지켰다. 사측은 결국 구 사옥 부지를 개발하

----

1) 2010년 11월 1일, 국회의사당 본관에서 기륭전자분회 조합원 10명에 대한 정규직 고용과 고소·고발 취하 등을 내용으로 하는 '금속노조-기륭전자 합의문 조인식'이 열렸다. 합의 당시 국내 생산라인이 없어 복직까지 1년 6개월 유예기간을 두고, 경영상의 이유로 한 차례 더 연장할 수 있게 하였다. 사측은 국내 생산라인을 가동할 것이라며 반드시 약속을 지키겠다고 하였다. 이 합의서에 의거하여 기륭전자분회 조합원 10명은 한 번의 유예기간을 거친 후에 2013년 5월 2일 복귀한다. 노조 설립 당시 200명 가까이 되었던 조합원들은 투쟁이 장기화 되면서 생계 곤란과 가족들의 반대, 투쟁 전망이 보이지 않는 어려움으로 한 명 두 명 노동조합을 떠나 합의 당시에는 32명이 남아 있었으나 끝까지 전면적인 투쟁을 했던 10명의 조합원에 대해서만 복직 합의가 이루어졌다. 10명의 정규직 복직 조합원은 강화숙, 김소연, 박행난, 오석순, 유흥희, 윤종희, 이미영, 이인섭, 이현주, 최은미 씨다. 투쟁 과정에서 기륭전자분회 권명희 조합원과 기륭분회 투쟁 영상물을 만들던 김천석 씨, 기륭투쟁에 연대활동 했던 윤활유님과 혁이님, 숲속홍길동님이 세상을 떠났다.

려 하였고, 노조는 이에 저항하여 공장 앞 포클레인 고공농성과 공장 옥상 점거·단식농성을 했다. 그리고 합의를 이루어냈다. 불법파견 문제도 부당해고 문제도 법은 이 노동자들의 편을 들어주지 않았다. 조합원들의 끈질긴 투쟁과 노동자·학생·종교인·정치인·문화예술인·법조인·촛불시민 등 각계각층의 일상적인 연대활동이 만들어낸 '사회적 합의'였다.[2] 정규직 복직 합의 조인식을 하던 날, 모든 조합원이 눈물을 흘렸다.

그리고 2년 6개월 뒤인 2013년 5월 2일, 열 명의 노동자는 그동안 투쟁에 함께 했던 많은 사람들의 축하 인사와 꽃다발을 받고 정규직으로 복직하여 서울 신대방동 기륭전자 사옥으로 출근을 시작했다.

"1분도 안 걸리는 조인식 하자고 이 먼 길을 왔다는 생각이 들더라고. 투쟁했던 과정이 스쳐지나가면서 만감이 교차했지. 어떻게 보면 종이 쪼가리 하나잖아. 도장 찍는 거 순식간이더라. 그 종이 쪼가리 하나에 도장 찍는 거 때문에 우리가 6년을 싸운 거잖아. 회사가 초반에 마음먹었으면 200명 300명이 다 같이 일할 수 있었을 텐데… 복직하던 날, 바로 일하는 게

----

2) 2010년 기륭전자 합의의 경우, 사회적 연대와 노동자들의 장기투쟁이라는 사회적 힘이 노동쟁점을 사회적으로 의제화하면서 강제해낸 합의라는 점에서 일반적인 노사합의와 차별성을 갖는 '사회적 합의'로 부른다. 2011년 희망버스를 통한 한진중공업 정리해고 철회 합의 역시 비슷한 성격을 갖는다. 사회적 합의는 이를 강제할 힘이 미약하고 강제할 구속력이나 주체가 불분명하다는 한계점을 갖고 있다. (권영숙(민주화를위한전국교수협의회 노동위원장), "'사회적 합의' 이행에 대한 문제의식과 실천 방안들",《사회적합의 타결 책임에 대한 당사자들의 고함》(2014))

아니라 허전한 마음도 있었지만 복직되었다는 것만으로도 기분은 좋았어."

기륭전자에서 파견노동자로 일하다가 해고되었던 박행난 씨가 조인식 하던 날과 복직하던 날의 기억을 떠올린다. 복직하던 날, 기륭전자 사옥으로 첫 발을 내딛을 때 회사 앞에 울려 퍼지던 환호성과 박수 소리가 지금도 들리는 듯하다.

하지만 기쁨은 잠시였다. 곧 다시 차가운 거리로 나서야 했다. 복직 이후 회사는 업무 배치를 하지 않고 회의실에 대기시키면서 임금 지급도 하지 않았다. 합의 당시 약속했던 국내 생산라인도 가동하지 않았다. 복직한 노동자들은 4대 보험 가입만이라도 해달라고 요구했으나 사측은 이마저도 거부했다. 문제 해결을 위한 교섭을 회피하던 기륭전자는 2013년 12월 말 조합원들 몰래 이삿짐센터를 불러 사무 집기를 빼고 야반도주를 한다. 합의 이후 3년 만에 최동열 회장 집 앞에서 '출근투쟁'이라 이름 붙인 일인시위를 다시 시작하고, 빈 회사 사무실에서 1년 동안 철야농성도 했다.

기륭전자는 서울 금천구 가산동 서울디지털산업단지 2단지(구 '구로공단 제2공단')에 위치한 위성라디오, 차량용 내비게이션, GPS(위성위치확인시스템) 등을 생산하던 업체이다. 2004년 1,700억 원 매출액에 220억 원의 당기 순이익을 올리고, 2005년 무역의 날 1억 달러 수출의 탑을 수상하기도 했던 탄탄한 중소기업이었다. 이렇게 건실했던 시가 1,000억 원짜리 회사를 최동열 회장은 6,400만 원짜리 껍데기 회사로 만들었다. 2007년 12월, 최동열 회장은 자신이 대주주로 있는 자본금 12억 원짜리 DSIT위너스의 가치를 부풀려 이 회사를 기릉전자가 395억 원에 인수하게 한다. 그리고 그 자금의 일부로 다시 기릉전자 지분을 취득하여 막대한 차익을 누리면서 기릉전자의 최대주주가 되었다. 반면 그 과정에서의 손실금으로 인해 기릉전자는 532억 원 적자회사가 된다. 경영권을 장악한 최동열 회장은 최대주주가 되고 1년 후 가산동에 있던 기릉전자 공장을 설립한 지 두 달된 자본금 5억 원 회사에 헐값인 405억 원에 매각하고, 신대방동 사옥을 69억 원에 매수한다. 2010년 합의 이후에는 중국 소주의 공장을 매각하고 법원 경매가 73억 원짜리 신대방동 사옥을 62억 원에 매각하여 사기 매각 의혹을 야기했다. 그리고 회사의 고정자산을 모두 매각하고 무상감자를 반복하면서 금융감독원 공시 사이트에 허위 실적을 공시하였다. 마침내 기릉전자는 '상장폐지'에 이르게 된다. 이로 인해 정규직 합의를 한 노동자들뿐만 아니라 많은 소액주주들도 큰 피해를 입었다. 기릉전자 노동자들은 오늘도 정규직 복직 합의를 했던 최동열 회장 집 앞에서 출근투쟁을 하고 있지만, 그들에게는 출근할 일터가 없다.

기적 같은 노동조합 설립

"어제는 노조 설립하고 불법파견에 맞서 투쟁을 시작한 지 10년이 되는 날이었습니다. 사람답게 살고 싶다고, 일회용 휴지조각처럼 버려지는 게 아니라 사람답게 대접 받으며 살고 싶다는 소망으로 노조를 설립한 지 10년이 되는 날이었습니다."

기륭전자에서 파견노동자로 일하다가 해고되었던 기륭전자분회 유흥희 분회장이 마이크를 잡고 연설을 시작한다. 옆에서 피켓을 들고 서 있던 김소연 씨가 2005년 7월 5일 노동조합이 결성되던 날의 기억을 떠올린다. 기륭전자분회 설립 당시 분회장을 했던 김소연 씨는 정규직으로 근무하던 회사가 파산한 후 2002년 기륭전자에 파견직으로 입사한다. 그 후 계약직으로 전환되어 근무하다가 해고를 당했다. 소연 씨는 입사 후 사흘이 지나서야 동료들이 말을 걸던 기억이 지금도 생생하다. 파견노동자들이 사흘을 못 버티는 경우가 허다했기 때문이다. 불안정한 고용과 비인간적인 노동조건, 차별을 경험하면서 노동조합의 필요성을 뼈저리게 느꼈다. 하지만 극심한 이직률과 개인주의적이고 파편화되어 있는 노동자들 간의 관계를 보면서 절망을 느낀다. 그러던 그녀에게 희망의 계기가 찾아왔다.

"정규직은 월급제니까 지각해도 임금에서 공제를 못하는데, 회사가 '지각 5분 10분 몇 회 이상이면 얼마' 해가지고 상여금에서 공제를 한 거야. 한번 했다고 10만 원 공제하고, 세 번 했다고 30만 원 공제하고. 말이 안 되거든. 그래서 난리 났지. 잔업 거부라도 해야 되는 거 아니냐고 정규직 친구들이 얘기했고, 당연하다고 동조해줬어. 비정규직까지 다 같이 일어난 거지."

정규직에 대한 부당한 상여금 공제에 대해 정규직과 비정규직 노동자가 연대하여 잔업을 거부하고 회식을 했다. 이 사건은 정규직과 비정규직 노동자들 간에 신뢰를 형성하는 계기가 되었다.

회사는 주도적인 역할을 한 여성노동자들을 다른 부서 유티(부조장)로 보냈으나 이러한 조치는 오히려 다른 라인 노동자들을 조직하는 촉매제가 되었다. 다른 라인의 유티로 간 노동자들이 기존의 관리자들과 달리 조원들을 인간적으로 대하면서 신뢰를 얻게 된 거다. 그러면서 노동자들끼리 자발적인 회식이 없던 기룡전자에 각 부서마다 회식하는 문화가 생겨나게 된다. 아침에 출근하면 "어제 어디 갔다 왔다"고 자랑하고, 서로 괜찮았던 음식점 정보를 공유하기도 했다. 5,000원씩 걷어 문상을 가는 문화도 만들어졌다. 그런 가운데 '서로 경쟁하지 말고, 도와주면서 일하자'는 분위기가 자연스럽게 형성된다. 이는 노동조합을 설립하는 토대가 되었다.

"내가 열 사람한테 제안을 했는데, 그 사람들이 해보자 한 거야. 나한테 완전 천군만마였어. '내가 대중을 믿지 못했구나. 내가 진짜 문제였구나.' 생각했지. 그 열 명이 두 번째 모임에 30명을 만들어 온 거야. 기적이었어. 그리고 30명이 두 달 동안 노조 준비모임을 했는데, 그 얘기가 안 새나갔어. 이것도 기적이지. 보통은 새나가서 깨지기도 하고 미리 당겨서 띄우기도 하거든."

그리고 마침내 노동조합 결성 보고대회를 하는 7월 5일이 왔다. A/S라인(반품 들어온 불량제품을 수리하는 After Service 라인) 유티를 맡고 있던 소연 씨는 9시 30분부터 다니면서 "여기서 중요한 일이 있으니 10시에 딴 데 가지 말고 모여주세요"라고 얘기를 했다.

"태어나서 그때처럼 가슴 떨려본 적이 없어. 시간도 안 가고. 9시 30분부터 10시까지 30분이 30년 같았다니까. 얼마나 가슴이 콩닥콩닥 뛰던지…
엄청난 설렘과 떨림의 시간이었어."

10시 쉬는 시간 종소리가 울렸다. 너무 조용했다. '이게 뭐지? 불발인
가?' 불안한 느낌이 들어 소연 씨는 마음 졸이고 있었다. 그때였다. 갑자기
'우당탕' 뛰어 올라오는 소리가 들리면서 사람들이 2층 A/S 라인으로 물밀
듯이 들어오고, 순식간에 150명이 모였다. 노조 가입원서와 볼펜이 빠르게
돌려졌다. 일부 노동자들은 관리자들이 들어오는 것에 대비하여 출입문 앞
을 지켰다. 소연 씨가 앞에 나가 연설을 시작했다.

"기륭전자 노동자 여러분, 우리는 그동안 몸이 아파도 아이들 졸업식이
있어도 휴가 한 번 쓰지 못하고 시키면 시키는 대로 최저임금만 받고 노예
처럼 일만 하며 살아왔습니다. 비정규직이라는 이유로 차별을 받으며 서럽
게 살아왔습니다. 그렇게 일을 해도 회사는 주말에 특근까지 하고 퇴근하
는 우리 동료들을 핸드폰 문자메시지로 해고했습니다. 회사는 생산직에 파
견노동자를 고용할 수 없음에도 불구하고 불법파견을 해왔습니다. 이제 이
러한 일회용 소모품과 같은 삶을 끝내야 합니다. 노동조합이 있으면 우리의
일터를 바꿀 수 있습니다. 노동조합에 가입해서 해고를 중단시키고 고용을
보장받읍시다. 비인간적인 대우도, 비정규직 차별도 중단시킵시다."

"와~

연설을 들으며 노조 가입원서를 작성하던 노동자들은 환호하기도 하고
울기도 했다. 그리고 기적이 일어났다. 그 짧은 10분 동안 100명이 넘는 기

룡전자 정규직과 계약직, 파견노동자들이 노조 가입을 한 거다. 여성노동자들의 폭발적인 움직임에 겁이 난 관리자들은 들어와 보지도 못했다. 쉬는 시간 끝나는 종이 울렸지만, 많은 노동자들이 남아서 가입원서를 썼다.

"빨리 내려가십시오. 가입원서는 나중에 쓰셔도 됩니다."

"이제 노조 생겼으니까 괜찮아."

불과 10분 사이에 180도 달라졌다. 작업 현장은 와자지껄하고 화기애애한 분위기로 바뀌었다. 기룡전자 노동자들의 점심시간도 달라졌다. 40분 짧은 점심시간 동안 빨리 밥을 먹고 조금이라도 쉬기 위해 100미터 달리기로 식당에 가고, 새치기 했다고 머리끄댕이 잡고 싸우던 노동자들이 너무 기뻐 입이 귀에 걸린 듯한 밝은 표정으로 밥을 먹었다. 근무 중에 조금만 시끄러워도 제재를 하던 조·반장들도 감히 어떻게 하지를 못했다. 점심시간과 3시 쉬는 시간까지 계속해서 가입이 이어졌고, 마침내 180명의 노동자들이 '민주노총 전국금속노동조합 서울지역지부 남부지역지회 기룡전자분회'의 조합원이 되었다.

"뻣뻣한 사람 자르라는 거야"

피켓을 들고 일인시위를 하던 강화숙 씨도 10년 전의 기억을 떠올린다. 화숙 씨는 고향이 전남 화순으로, 1990년대에 경기도 안양에서 정규직으로 일하다가 집안 사정 때문에 회사를 그만두었다가 2002년 기룡전자에 직접

고용·아르바이트(일용직)로 근무를 시작한다. 면접을 봤던 기륭전자 총무부장은 아르바이트를 계속 하면 정규직으로 고용하겠다고 했다. 그녀는 몇 달후 파견업체 휴먼닷컴 소속으로 전환되었다. 그 후 기륭전자 직접고용 계약직이 되었으나 1년, 6개월 단위로 계약된 후 해고가 되었다.

"여기는 산후휴가는 꿈도 못 꾸는 데야. 노조 만들어질 때쯤 정규직 한 명이 산후휴가 다녀왔거든. 그 뒤로 결혼한 지 얼마 안 돼서 임신 가능성이 높은 새댁은 3개월, 결혼할 가능성이 있는 아가씨는 6개월, 결혼과 출산 가능성이 낮은 아줌마는 1년 계약을 하는 제도가 생겼어. 나도 결혼할 가능성이 있다고 6개월 계약을 한 거지."

노동조합이 만들어지던 2005년 당시 기륭전자 전체 노동자 500명 중에 생산직 노동자는 300명이었다. 생산직 노동자 중 정규직은 10여 명에 불과했으며, 계약직 30명·파견직 250명으로 비정규직이 95%를 넘었다. 또, 노조 설립 즈음 3년간 기륭전자에 채용된 여성 생산직 직원의 99%가 불법파견이었다.

1996년만 해도 기륭전자에는 400여 명의 생산직 정규직 노동자가 근무하고 있었다. IMF 구조조정 시기 일감이 줄자 회사가 임금동결과 휴가비 반납 등을 요구하기도 했지만, 2000년 초반까지 생산직에 정규직 노동자 100명이 남아 있었다. 그러나 사측이 노동자들을 개인적으로 계속 괴롭히면서 퇴사를 종용했고, 이를 못 견디고 퇴사한 정규직 노동자들의 자리는 곧 계약직 노동자들로 채워졌다. 마침내 2002년 기륭전자는 휴먼닷컴과 도급계약을 체결하여 인력을 공급받기 시작한다. 그 이후 생산직 노동자들은 모두 휴먼닷컴 파견노동자로 채용되었다. 인력파견업체 휴먼닷컴이 기륭전자에 인력 파견을 시작한 지 2년 정도가 지난 2004년부터 기륭전자에서 대량의 물갈이 해고가 시작된다. 휴먼닷컴 소속뿐만 아니라 아르바이트생과 실습생까지 포함하여 한꺼번에 50명을 해고할 때도 있었다.

비정규직들이 계속 해고되면서 비정규직 노동자뿐만 아니라 정규직들도 직접적인 위협에 직면하게 된다. 회사는 소수의 정규직들에게 조장이나 유티 등 관리자 직책을 강요했다. 몸이 약하거나 누가 봐도 성격상 관리 업무가 맞지 않는 이들에게 관리자를 맡겨 결국은 못 버티고 나가게 만드는 사실상 해고였다. 거부하지 못하고 조장이나 유티가 되면 이들은 비정규직을 해고하는 주체가 되어야 했다. 심지어는 관리자가 된 비정규직이 비정규직을 해고하는 사례도 발생했다. 남에게 싫은 소리 하거나 사람들 앞에 나서는 걸 힘들어하는 화숙 씨도 회사 측 요구에 따라 유티를 맡게 된다.

"반장이 뻣뻣하고 자기 말 안 듣고 그런 사람 자르라는 거야. 자를 사람이 없는데, 세 명 이름을 올리래. 진짜 올릴 사람이 없었어. 나는 못하겠더라고. 그런데 스물한 살 된 애한테 월요일부터 나오지 말라는 말을 나한테 하라는 거야. 말은 잘 못하지만, 진짜 열심히 일하는 애였거든. 그런 말을 어떻게 해. 결국은 조장을 데리고 와서 조장이 했지. 월요일부터 나오지 말라고 얘기하더라고. 걔가 얼굴 표정이 달라지는데, 마음이 얼마나… 휴…."

매일 얼굴 맞대고 일하던 동료에게 차마 나오지 말라는 말을 할 수 없었던 화숙 씨는 지금도 그날의 기억을 잊지 못한다.

노동조합 활동을 하기 전에 화숙 씨는 사회문제에 관심이 없었다. 자신의 월급이 얼마인지도 관심이 없고, 주면 주는 대로 받는 생활에 익숙했다. 월급명세서를 받으면 살펴보지도 않고 찢어버렸다. 관리자가 파견업체 소속으로 전환하는 서류에 도장을 찍어달라고 할 때, 읽지도 않고 도장을 찍어줄 정도였다. 그러던 화숙 씨가 노동조합 준비모임과 결성에 참여하고 부분회장을 맡아 10년간의 투쟁을 했다.

힘든 과정도 있었다. 투쟁 초기에 집회 때 발언을 하라고 해서 집에 간 적도 있고, 고공농성을 하기로 한 날 용기가 안 나 나오지 못한 적도 있다.

"지금 따지면 별것도 아닌데, 내가 겁이 많아. 그때 창피하기도 하고 미안하기도 해서 투쟁 그만 두려고 했어. 근데 '에이~ 창피해~' 하면서 눈 질끈 감고 다시 나왔어. 왜 참고 갔겠냐? 사람들 때문에 간 거야. 안 가면 배신하는 거잖아. 난 인간관계가 먼저지 투쟁이 먼저는 아니야. 억울해서 여기까지 온 것도 있지만, 사람 때문에 온 게 더 커."

그렇게 10년을 왔다. 투쟁 중에 태어나 백일이 지나자마자 엄마와 함께 공장 앞 컨테이너 농성장에 출근했던 세연이는 이제 초등학교에 입학한다. 2008년 임신한 상태에서 12일 단식농성한 것이 늘 미안한데, 다행히도 세연이는 건강하게 잘 자라 조합원들의 사랑을 듬뿍 받고 있다.

"싸우고 있으니까, 농성장이라도 지켜주려고 나왔지. 복잡하게 생각 안했어. 안고 나갈 수 있으니까 나온 거지. 그때는 백일이 어린 줄 몰랐어. 지금 백일된 애기를 보면 저 조그만 걸 데리고 나왔구나 싶다니까. 투쟁하면서 사회 보는 눈이 많이 바뀌었어. 삶을 많이 배웠지. 옛날에는 사람을 볼 때, 내실이 아니라 외모로 평가하기도 했으니까. 지금은 사람 됨됨이를 보지. 성격도 많이 활달해졌어. 식구들도 내가 달라졌다고 해. 둘째 언니는 투쟁하면서 품이 많이 넓어진 거 같다고 했어. 투쟁하면서 배운 게 많아. 다른 사람한테 베푸는 것도 여기서 배웠거든. 싸우고 대화하고 험담하면서도 배운다니까."

업무지시도 해고도 기륭전자가 했건만

기륭전자분회에서 투쟁 중인 막내 조합원 이현주 씨는 노조가 만들어질 때 스물다섯 살이었다. 그리고 강산이 변한다는 10년이 흘러 서른다섯 살이 되었고, 그녀는 10년 전처럼 피켓을 들고 거리에 서 있다.

현주 씨는 2003년 생활정보지 〈벼룩시장〉에서 생산직 구인광고를 보고 파견업체인 휴먼닷컴 사무실에 입사지원을 하러 갔다. 휴먼닷컴에서 다음 날 사무실에 오라 해서 갔더니 봉고차에 태워 기륭전자에 데려다주고 가버렸다. 현주 씨는 멀어서 데려다주는 줄만 알았다. 그저 휴먼닷컴이 직업소개소 같은 곳인가 보다 했던 거다. 기륭전자에 와서 기륭전자 총무부장이 근무하는 사무실에서 면접을 봤다. 총무부장은 열심히 일하면 1년 후에 계약직 시켜준다고 했지만, 기존에 정규직으로만 근무했던 현주 씨는 그게 무슨 말인지 이해할 수 없었다. 자신이 기륭전자 직원이 아니라는 건 상상도 하지 못했다.

"업무지시는 기륭 정규직 조장이 했어요. 근태 관리도 기륭 관리자가 했고요. 일하면서 휴먼닷컴 관리자는 본 적이 없어요."

기륭전자 로고가 새겨진 작업복을 입고 일했고, 업무지시나 근태 관리도 조장 등 기륭전자 관리자가 했다. 회사 안에서 휴먼닷컴 직원은 본 적이 없으며, 직접고용 노동자와 같은 라인에서 함께 섞여 일을 했다. 심지어 월급봉투도 기륭전자 관리자가 나누어주고, 해고도 기륭전자 관리자가 했다.

'신분'이 다르다고 느낄 때는 월급봉투를 받을 때였다. 직접고용 노동자들의 월급봉투는 흰색이고 파견직은 노란색이었다. 상여금이 나오는 달에 직접고용 노동자들은 월급봉투 두 개를 받고, 상여금이 없는 파견노동자들은 한 개를 받는다. 기륭전자에서 정규직·계약직과 파견직의 임금 차이는 상여금밖에 없었다. 2005년 계약직 노동자들의 초임은 당시 최저임금보다 10원 많은 641,850원이었다. 10년 차 정규직 여성노동자의 기본급도 최저임금에서 10만 원 조금 더 되는 78만 원에 불과했다. 그러다보니 기륭전자 노동자들은 관리자에게 잘 보여서 상여금을 받는 정규직이나 계약직이 되고 싶어 했다. 관리자 책상 서랍에는 간식 등 선물이 쌓여 있는 경우가 비일비재 했다.

이 회사에서는 손이 둔하고, 느린 사람들은 바로 해고를 당한다. 조금만 지나면 다 할 수 있는 일인데, "금방 나갈 사람, 일 못하는 사람"이라고 비난

하면서 그 사람을 '왕따'시켜서 나가게 만든다. 손이 느리거나 말이 어눌한 소위 경쟁력이 약한 '만만한' 사람들이 주요 해고 대상이 되었고, 영어를 잘 몰라 일의 숙련 속도가 느린 노동자들도 해고 대상이 되었다.

"처음 들어오면 일을 배워야 되니까 느리잖아요. 근데 관리자가 처음 온 사람인데도 천천히 하면 다른 사람으로 바꾼다고 구박을 하고 부담을 많이 줬어. 수리기사들은 제대로 고쳐주지도 않으면서… 반말도 예사로 하고, 자존심이 많이 상했어. 내 자리를 지키려고 노력 많이 했어. 그래도 나는 나이가 어리니까 빨리 배웠어요. 그러니까 구박 안 하더라고."

현주 씨는 파견노동자로 근무한 1년 동안 이를 악물고 일했다. 그 덕분인지 조장이 좋게 봐주어 계약직이 되었다. 전체 파견노동자 중에 3명에게만 주어진 행운이었다. 그렇게 부럽기만 하던 상여금을 받을 수 있었다.

현주 씨는 집 근처에 있는 회사로 이직을 준비하던 중에 노동조합 활동을 시작한다. 생소했지만, 노조 준비하는 언니들이 잘해주고 또래 친구들과 사귀고 어울리는 재미와 호기심이 노동조합을 시작하게 된 계기였다. 한 달만 할 거라는 얘기를 하고 시작했는데, 10년을 왔다. 노동조합 설립할 때는 얼떨결에 대의원도 맡았다. 현주 씨는 노동조합 설립 후 첫 해고자이기도 하다. 계약만료 이틀 전에 총무부장에게 해고 통보를 받고 대성통곡을 하고 나서, 하루만 나가보자는 생각으로 출근투쟁을 시작한 게 10년을 온 거다. 2008년에는 스물여덟 어린 나이에 52일간 단식농성도 했다. 그래도 문제가 해결되지 않아 결국 핸드폰 조립 회사 등에 취업하여 일을 하다가 정규직 복직 합의가 되어 출근을 했는데, 또 다시 투쟁이 시작되었다.

아버지가 돌아가신 후 많이 우울하고 사람한테 마음을 열기 힘들었던 현주 씨는 노동조합 활동을 시작하면서 밝아진 것 같다고 했다. 현주 씨는 10년의 투쟁 기간 동안 얻은 것을 '독함'이라는 단어로 표현했다.

"나의 20대를 다 먹어버린 투쟁이지. 내 신념으로 여태까지 온 건데 후회할 게 뭐 있어. 기륭 투쟁은 모든 일에 대한 자신감과 힘든 일을 헤쳐 나갈 수 있는 교훈을 줬어요. 지금도 힘들면 울긴 하는데 '어떻게 해야 할까?' '뭘 해야 할까?' 생각하면서 헤쳐나가려고 해요. 예전보다 많이 강해졌어요. 예전에는 흐물흐물하고 무서운 게 많고, 자신감이 없었어요. 지금도 콤플렉스는 있지만, 이제 살아가려면 일을 해야죠. 이 인연 끝까지 갔으면 좋겠어요. 나는 평생 인연으로 생각하는데, 언니들은 아닌가?"

인간으로서 이런 데를 다녀야 되나?

"연말에 깨끗하게 청소를 하고 퇴근했어. 신정 지나고 오니까 파견직 50명가량이 잘린 거야. 앞으로는 뽑고 뒤로는 자르는 거야. 관리자는 일감이 없으면 그럴 수도 있는 거래. 회사가 어려운 것도 아닌데, 사람을 뽑아놓고 자르고, 다시 뽑고, 또 자르고 하는 게 인간으로서 진짜 힘들었어."

기륭전자에서 파견업체 휴먼닷컴 소속으로 1년 3개월 동안 근무했던 박행난 씨는 부속물 한 개를 빠트리거나 아이들 졸업식에 갔다 와서 해고당하는 동료들을 보면서 자신도 언제 해고될지 모른다는 불안감을 느꼈다. 이 회사는 안정적인 근무 자리를 주지 않고 소위 말하는 '뺑뺑이'를 돌린다. 행난 씨도 조립라인과 포장라인 등을 왔다 갔다 하면서 일했다.

회사는 정규직들에게는 기륭전자 로고가 새겨진 남색 겨울 점퍼를 무상 지급했지만, 계약직과 파견노동자들은 2만 원을 내고 사 입어야 했다. 점퍼를 사지 못한 사람은 한겨울에도 얇은 가운 하나만 입고 벌벌 떨며 일했다. 파견노동자들은 일을 하다 다쳐도 산재처리가 되지 않았다. 사내 탁구장 만들 때 비정규직들이 동원되어 열심히 일을 했지만, 정작 완공되고 나서 이들은 자신이 만든 탁구장을 한 번도 이용하지 못했다.

기륭전자에서는 새로 사람이 들어와도 '며칠 못 가겠지' 하는 마음에 관심을 갖지 않는다. 언제 '물갈이 해고'가 있을지 모르기 때문이다. 내 옆에서 일하는 동료와 정을 나눌 필요성도 느끼지 못한다. 옆에서 일하던 동료가 어느 날부터 보이지 않아도 그 내막을 알 수가 없다. 연락해볼 생각을 하지도 않고, 연락처를 알지도 못한다.

"우리 부모님은 남한테 주는 거를 좋아했어. 그런 걸 보며 자랐으니 여기 와서 내가 많이 힘들었어. 여기는 다 개인주의더라고. 누굴 위할 줄을 몰라. 일을 하다 보면 더딘 사람이 있잖아. 힘든 일도 있고 내 체력에 맞지 않는 일도 있는데, 그럴 때는 옆에서 서로 도와줘야 하는 거잖아. 근데, 여긴 그런 게 안 돼. 사람을 대줄 테니 마음에 안 들면 자르라고 하는 데라니까. 그러니까 사람들이 일에 대한 애착이 없지. 애들 졸업식에 갈 수가 있나? 몸이 아플 때 병원에 제대로 갈 수가 있나? 토요일도 일요일도 일하니까 병원에 갈 수가 없어. 사람이 아니라 짐승같이 살았어."

행난 씨는 도저히 사람이 다닐 수 없는 회사라며 날마다 그만두는 생각을 했다. '인간으로서 이런 데를 다녀야 되나?' 싶을 정도로 몸과 마음 고생이 심했고 살도 많이 빠졌다. 장갑이 해져 새로 달라고 했는데 주지 않아 테이프를 붙여가며 3개월을 쓰기도 했다. 그래도 나이 어린 조장이나 유티한테 싫은 소리 듣고 싶지 않아 '사측' 사람이라는 오해를 받을 정도로 묵묵히 일만 했다. 청소도 열심히 했다. 이 때문인지 노동조합이 만들어지고 있는 것도 알지 못했다. 노조 결성 보고대회 하는 날 느낌이 이상해서 2층에 올라갔다가 이 사실을 알고 당연히 가입해야 한다 생각하고 가입했다. 입사한 지 1년이 되어도 계약직을 안 시켜주던 회사는 그녀가 노조에 가입하자 계약직을 시켜주겠다고 했다.

내가 얼마나 못났으면 잘렸을까 하는 자책감

기륭전자 포장반에서 일했던 윤종희 씨와 오석순 씨는 입사한 지 두 달 반 만에 '문자해고'를 당했다. 이 회사에 들어가서 가장 많이 들었던 조언은 "여기는 동료들과 싸워도 잘리고 관리자 말대꾸해도 잘리고 잔업 안 해도 잘리고 수시로 사람이 잘려 나가니 조심하라"는 것이었다. 심지어는 '얼굴이 못생겨서' 해고했다는 이야기도 있었다. 관리자는 (인근에 있던) LG전

자가 이전하면서 인력이 남아돌아 일할 사람 줄 섰다"며 해고해도 문제없다
는 이야기를 대놓고 했다. 공포 그 자체였다. 주말을 보내고 오면 몇 명씩 보
이지 않았는데, 해고를 당한 건지 본인이 그만둔 건지도 알 길이 없었다.

당시 둘째 아이가 6살이었던 종희 씨는 매일 있는 잔업 때문에 어린이집
에 아이를 찾으러 갈 수가 없어 당시 초등학생이던 큰 아이가 둘째 아이를
찾아와야 했다. 매일 코피를 흘리면서 한 달에 80시간 정도 되는 잔업과 특
근을 빠지지 않고 받는 월급은 90만 원 정도에 불과했다. 일 잘한다고 칭찬
받아 연구개발 부서에 샘플 작업을 하러 차출될 정도였지만, 돌아온 것은
해고였다. 종희 씨가 10년 전 그 날의 기억을 떠올린다.

"토요일 특근하고 버스 타고 가고 있는데 전화가 오는 거야. 안 받았어.
주말에 전화가 오면 잘리는 거라는 얘기가 있었거든. 뻔한 거지. 모른 척하
고 월요일 날 출근해서 일을 했어."

화요일에도 두 사람 모두 출근해서 일을 했다. 설마 일하던 사람을 이렇
게 해고시킬 리가 없기에 피하면 될 거라 생각했다. 저녁 때 핸드폰 문자메
시지 한 통이 들어왔다.

"휴먼의 이○○ 입니다. 낼부터 회사에 출근치 마시고 궁금하신 사항은
저한테 전화주세요."

너무 황당했지만, 그 다음 날도 출근을 했다. 해고에 저항하는 것을 처
음 본 동료들은 개인적으로 힘내라는 응원과 격려를 해주기도 했다. 이날
두 사람은 휴먼닷컴 직원과 면담하는 과정에서 충격적인 이야기를 듣는다.

"휴먼닷컴에 ○○○ 차장 만났는데, A4 한 장짜리 팩스 들어온 거를 보여주더라고. 열다섯 명이 같이 잘렸는데, 이름이랑 사유가 쓰여 있어. 종희하고 나하고 사유가 뭐냐면 잡담이었어."

석순 씨가 그날의 충격을 이야기한다. 두 사람이 객관적인 증거가 없는 잡담 사유 해고의 부당성에 대해 항의하자 휴먼닷컴 직원은 기륭전자 총무과 지시여서 본인도 어쩔 수 없다는 이야기만 했다. 두 사람이 해고 사유를 캐고 들자 관리자는 강압적으로 업무량을 두 배로 늘린 것에 대해 문제제기한 것이 해고 사유라는 것을 이야기해줬다.

"내가 뭘 잘못했을까? 열다섯 명이 같이 잘렸어도 내가 얼마나 못났으면 잘렸을까 하는 자책감이 생기는 거야. 나 스스로도 막상 해고를 당하니까 그런 게 생기더라고. 내가 활동하는 데 문제가 있었나? 아니면 현장에서 적응을 잘 못했나? 자존심 상하지. 겉으로는 며칠 버티면서 싸우기도 했지만, 마음이 아프고 속상하더라고."

종희 씨는 기존에 제조업 근무와 노동조합 경험이 있었기에 분명 회사가 잘못한 것을 알았지만 자괴감과 창피함 때문에 많이 힘들었다. 이런 자존감 훼손은 부당한 해고를 당한 노동자들이 항의를 하거나 주변에 알리지 못하게 한다. 종희 씨와 석순 씨는 이렇게 해서 근무한 기간의 50배가 넘는 10년 투쟁에 첫발을 들여놓게 된다.

핸드폰 문자메시지를 사용해본 적이 없는 한 파견노동자는 해고 통보가 온 줄 모르고 출근했다가 바닥에 드러누워 대성통곡을 한 뒤 돌아가기도 했다. 또 누군가는 '핸드폰을 없애버리면 해고를 안 당할 수도 있겠네!' 하는 생각을 하기도 했다.

"난 진짜 해고 안 당할 줄 알았어. 난 정말 손 빠르고 일 잘하거든. 들어온 첫날부터 몇 년 다닌 사람만큼 일을 해. 처음에 사람 자른다는 말 듣고 '나같이 일 잘하는 사람을 왜 잘라? 나 자르면 회사만 손해지' 하는 자만심이 있었지."

석순 씨는 핸드폰 문자메시지로 해고 통보를 직접 받아보고 비정규직 문제가 얼마나 심각한지 실감했다. 자신이 해고당했다는 사실을 믿을 수가 없었다. 사람들은 해고당했다고 하면 업무능력이 낮아서 잘렸을 거라고 말하는데 전혀 그렇지 않다며 억울하다고 했다.

"들어오자마자 베테랑처럼 일하면 뭐 하냐고? 일을 잘해도 해고 1순위가 되는 상식이 통하지 않는 기가 막힌 사회야. 일 잘했는데, 잘렸다고 하면 안 믿더라고. 우리 사회가 사람을 믿는 사회가 아닌 거지. 투쟁 시작할 때, 비정규직 투쟁은 불가능한 싸움이니 포기하라는 사람도 많았어. 이렇게 심각한 비정규직 문제를 누군가는 끊어야 한다는 생각으로 시작한 투쟁인데, 10년을 올 줄은 꿈에도 생각하지 못했지."

결혼한 지 두 달 된 새댁이던 시절 시청광장 조명탑 고공농성을 하고 2008년 46일 단식농성과 마지막 공장 옥상 단식농성을 하기도 했던 석순 씨는 정규직 복직 합의가 되면서 정말 뿌듯하고 기뻤다. 핸드폰 문자로 해고당하는 비정규직 신분을 면하고 불법파견 정규직화를 이룬 것이 그렇게 좋을 수가 없었다. 최동열 회장이 합의를 이행하지 않고 야반도주했을 때 너무도 속상했던 석순 씨였다. 최동열 회장은 자신을 만나기 위해 집 앞에 온 노동자들을 주거침입죄로 고소하여 석순 씨는 경찰에 연행당하기도 했었다. 더 기가 막혔던 건 국회에까지 들어가 많은 언론과 시민들 앞에서 정규직 복직 합의를 했던 최 회장이 재판 과정에서 석순 씨를 기륭전자 직원이 아니라고 했던 거다. 법원도 체불임금 소송에서 조합원들과 기륭전자 간의 근로계약관계를 인정했건만 최 회장은 석순 씨를 기륭전자에서 일한 적도 없는 자신과 상관없는 사람이라고 얘기했다. 오만 정이 다 떨어진다는 게 어떤 의미인지 알 것 같았다는 석순 씨는 할 수만 있다면 지금도 기륭전자에서 일하고 싶다고 한다.

94일 단식농성으로도 돌아가지 못한 일터

노조가 설립되자 회사는 그동안 선풍기도 없던 탈의실에 에어컨을 설치하고 임금을 올려주는가 하면 커피 자동판매기 이용금액을 인하했다. 그러나 다른 한편으로는 노조를 탄압하고 비정규직 노동자들을 해고했다. 노조 결성 이후 사측은 현장 안에 CCTV를 설치하여 노동자들을 감시하고 노조 간부들을 강제로 부서 이동시켰다.

휴먼닷컴에 대해 불법파견 판정이 났지만, 회사는 직접고용이 아니라 도급화하겠다는 시정계획서를 제출하고 완전도급을 추진한다. 회사 안에 파견업체 사무실을 만들고, 조합원들에게 노조를 탈퇴하겠다는 내용의 백지 탈퇴서 작성을 강요했다. "일하고 싶을 때까지 일하라"며 계약기간도 쓰지 않고 입사시켰던 파견노동자들에게 1년 근로계약서 작성을 강요하고, 3개월·6개월·1년이 되었다는 이유로 해고하고, 계약기간이 만료된 계약직들을 공장 밖으로 내몰았다. 이런 방식으로 노조 설립 후 70명 가까이 대량 해고가 이루어졌고, 근속기간 1년 미만자에 대해 전체 해고를 한다는 이야기마저 돌았다.

"조합원 절반 이상이 1년 미만인데, 오히려 조합원들이 나를 압박했어. 라인에 앉아 일하고 있으면 컨베이어에 조합원들이 쓴 편지가 내려오는 거야. '해고당하고 싸울래? 안 당하고 싸울래?' 조합원들이 간부들의 결단을 요구한 거지."

대량해고가 예정되어있던 2005년 8월 24일, 노동조합은 전체 조합원 파업을 선언하고 '해고 중단·대표이사 성실 교섭·불법파견 정규직화' 요구를 걸고 현장 철야농성에 들어간다. 노동조합은 일단 해고를 중단하고 고용방안을 같이 논의하자고 했지만, 회사는 이를 받아들이지 않았다.

사흘이면 끝나 가을 금강산 여행을 갈 수 있을 줄 알았던 현장 파업 철야농성은 54일간 계속되었고, 200명의 조합원 중 약 120명이 파업에 동참했다. 파업농성 첫날 밤, 마치 수학여행 온 여학생들처럼 3·6·9를 하며 시작했던 농성은 용역과 '기륭전자를 사랑하는 사람들의 모임'이라는 구사대를 동원한 사측의 끊임없는 침탈 위협과 폭력에 노출되어갔다. 하지만 여성

노동자들이 자신의 숨겨졌던 끼와 재능을 발휘하며 파업 중인 공장을 축제의 장으로 만들었다. 밤에는 달빛을 받으며 공장 마당에서 강강술래를 하기도 했다.

노조를 설립하고 3년 뒤인 2008년 소연 씨는 불법파견 정규직화를 요구하며 94일간의 단식농성을 한다. 2006년 한 달간의 단식농성에 이어 두 번째 단식농성이었다.

"처음 시작할 때는 그렇게 길게 하게 될 거라고 상상하지 못했어. 내가 일했던 내 일터에서 맘 놓고 일하고 싶다는 작은 소망, 소박한 요구가 사람이 목숨을 걸어도 해결이 안 되는 불가능하고 거대한 소망과 요구인가? 이게 불가능한 문제가 아니기 때문에 해결할 수 있다는 판단이 있어서 단식에 들어간 거야. 죽으려고 단식하는 사람은 없어. 이제는 끝장을 보겠다는 거였어. 94일 단식으로도 해결이 안 되고 병원에 실려갈 때, 착잡했지. 말로 표현할 수 없어. 그 얘기하면 지금도 눈물 나는데… 이 사회가, 이 회사가 해도 해도 너무하는구나. 사람이 90일 넘게 단식을 해도 어쩌면 이렇게 매몰찰 수가 있는 건지….''

단식 50일이 되면서 옥상 단식농성장에 관을 올렸다. 해결이 안 되면 죽겠다는 마음이 하나 있었다. 그리고 만약 산다면 비정규직과 파견법 등 잘못된 제도를 관에 넣어 묻겠다는 마음도 있었다. 없어져야 할 것은 사람이 아니라 잘못된 비정규직 제도였기 때문이다. 고소공포증이 있는 소연 씨가 그 뒤로 고공농성을 두 번이나 하고서야 정규직 복직 합의가 이루어졌다.

2010년 조인식 하던 날 소연 씨는 많이 울었다. 기쁨보다는 허탈감과 다행이라는 안도감이 컸다. 그날을 떠올리자 눈에 또다시 눈물이 맺힌다. 지난 10년 동안 소연 씨의 삶에서는 '개인'이 없었다. 기륭분회가 소연 씨고, 소연 씨가 곧 기륭분회였다. 머릿속에 다른 게 비집고 들어올 틈이 없었다.

"지난 10년 동안 원 없이, 후회 없이 싸웠어. 우리가 하려고 마음먹은 건 다 했기 때문인 거 같아. 하자고 결정한 것 중에 시기가 조금 빨라지거나 늦어진 건 있지만, 하지 않은 건 거의 없거든. 조합원들이 논의해서 결정하면 간부만이 아니라 조합원 전체가 함께 책임지는 자세를 가져왔어. 큰 감동이야. 많은 사람들이 함께해준 잊지 못할 시간이었지."

그렇게 열심히 투쟁했음에도 문제가 해결되지 않고 기륭전자가 자본잠식 상태에 빠지고 결국 상장폐지 상황까지 간 근본적인 원인이 소연 씨는 정부에 있다고 이야기한다.

"이명박 정부에서 박근혜 정부로 이어지는 규제완화가 기업주들이 마음껏 사기 치고 '먹튀'할 수 있는 구조를 만들어주었어. 정부가 규제를 강화하고 금감원 허위공시 등에 대한 관리감독을 철저히 해서 기업 운영을 투명하게 하도록 했다면 최동열 회장이 그렇게 '먹튀'를 하지는 못했을 거야."

이미 최동열 회장은 상장폐지 전에 기륭전자의 알짜배기는 다 빼돌려 놓았다. 심지어 본인이 타고 다니는 자동차조차 타인 명의로 바꾸어 놓았다. 소연 씨는 노동조합 때문에 기륭전자가 '망했다'는 것은 사실이 아니라고 했다. 불의하고 비도덕적이며 법을 지키지 않고 노동자들을 노예취급 하면서 함부로 해고하는 기업이 유지되는 걸 용인하는 사회 풍토가 문제라고 이야기한다.

2014년 조합원들은 최동열 회장을 기륭전자 인수과정에서의 불법행위와 고정자산 헐값 매각으로 회사에 재산상 손해를 가하고 자신의 사적 이익을 취하려 하였다며 업무상 배임으로 고발했다. 그리고 1만 명이 넘는 시민들과 함께 사회적 합의를 파기한 최동열 회장을 사기죄로 고발했다. 하지만, 두 사건 모두 증거 불충분으로 무혐의 처분이 났다. 고등법원에 재정신청을 했으나 이 역시 기각당했다. 대법원 재항고도 마찬가지였다.

"최소한의 약속도 지키지 않고 임금까지 떼먹고 도망간 사람에게는 어떠한 처벌도 없고, 오히려 법과 약속을 지키고 투명하게 경영하라고 얘기하는 피해자들만 계속 공권력에 의해 처벌받고 있는 상황이야. 형사적으로 대한민국 사법부가 최동열 회장을 처벌하지는 않았지만, 최동열 회장은 사회적으로는 이미 범법자·사기꾼·먹튀행위자로 규정된 거나 다름없어. 최동열 회장을 처벌하지 못한 이유는 이 문제가 기륭전자 개별사업장 문제만이 아니기 때문이라고 생각해. 신자유주의가 가속화되고 있는 가운데 현재 박근혜 정부가 얘기하는 노동개혁은 결국 모든 노동자의 비정규직화거든. 비정규직 투쟁을 했던 당사자로서 이걸 막는 역할을 해야 한다는 생각이 있어. 내가 어디 가서 다시 취업하더라도 결국 비정규직으로 일할 수밖에 없는 거잖아."

2015년 가을, 기륭전자분회는 투쟁을 계속하는 상근팀과 취업을 하여 생계 활동을 하는 현장활동팀으로 나누어 새로운 길을 모색하고 있다. 조합원들은 기륭전자라는 개별사업장을 상대로 해볼 수 있는 투쟁은 다 했다는 판단을 했다. 그럼에도 이 문제가 풀리지 않는 것은 비정규직법 등 사회·제도적인 문제가 있기 때문이라는 결론을 내린다. 이렇게 비정규직 문제가 심각한데도 정부는 비정규직 사용기간과 파견업종을 늘리고, 해고조건을 완화하는 등 노동자들을 고통스럽게 하고 있기 때문이다.

기륭전자 노동자들은 수차례 토론을 거쳐 기륭전자가 야반도주한 이후 300일 넘게 유지하던 기륭전자 사옥에 있던 농성장을 정리했다. 그리고 거리로 나가 서울 곳곳을 기어 다니며 노동자를 고통으로 내모는 비정규직법과 정리해고 철폐를 요구하는 오체투지를 진행했다. 눈 때문에 옷이 흠뻑 젖고 경찰에 의해 사지가 들려 내던져지기도, 경찰에 막혀 한겨울 차가운 시멘트 위에 엎드려 밤을 지새우기도 했다. 사람들이 침을 뱉고 쓰레기를 버린 길바닥에 엎드려 하수도 냄새를 맡으며 간절한 마음으로 노동자가 사람답게 살 수 있는 세상을, 사람이 존중받는 세상을 빌고 또 빌었다.

정 때문에 못 떠난 거야, 정이 뭔지…

"우리 광화문 일인시위도 했었어?"

"난 2009년 그거 밖에 생각이 안 나."

"희망뚜벅이 할 때 진짜로 추웠는데… 코오롱 앞에서 밥 먹을 때 진짜 추웠어. 밥알이 솟아오르려고 했다니까."

"근데 광화문에서 일인시위를 왜 했냐?"

"으이구~ 94일 단식해도 해결 안 되니까 결국 법제도 문제라고 정부가 이 문제 해결하라고 일인시위 했잖아. 나중엔 쌍용차도 같이 하고."

"난 아무 기억도 안 나."

"그때 마음이 많이 무너졌는데…"

"당연하지. 다 나가리 됐으니까."

"마음이 무너졌을 때는 일정을 빡세게 돌려야 된다고 해서 하루에 일정을 예닐곱 탕씩 뛰었다니까."

"의리 아니었으면 진즉 떠났지."

최동열 회장 집 앞 출근투쟁을 마친 조합원들이 가산동에 있는 분회 사무실로 이동해 회의를 한다. 오늘은 다음 주에 있을 10년 투쟁 평가토론회를 앞두고 조합원 평가회의를 하는 날이다. 본인들도 기억이 가물가물한 일들을 자료를 더듬어가며 의견을 나눈다.

"복직할 때는 어디 출근한다는 게 이상하게 느낌이 좋더라고요. '진짜 복직되는 거야?' 애 맡기고 어디 나간다는 게 산뜻했어. 월급도 안 나왔는데 옷 구비하려고 쇼핑하러 다녔다니까요. 첫 직장, 첫 노동조합, 첫 투쟁, 첫 해고, 첫 농성… 내 인생에서 처음이라고 이름 붙일 수 있는 것들 대부분을 기륭전자에서 해봤어요. 조합원들이 없었다면, 우리 손을 꼭 잡고 함께 울어준 동지들이 없었다면 그 긴 시간을 내가 이렇게 버틸 수 있었을까?"

아이를 키우느라 상근을 하지 못하고 있는 이미영 씨도 아이와 함께 와서 복직할 때의 설렘과 지난 투쟁의 소회를 이야기한다.

"복직하고 당장 일은 못했지만, 도시락 싸와서 같이 밥 먹고 모여 앉아 있는 게 좋았어. 투쟁할 때는 낮에 집회 다니고 밤 늦게까지 문화제 다녔는데, 출근투쟁도 안 하고 정시 출근했다가 정시 퇴근하니까 너무 좋더라고. 평범한 한 주일의 일상을 우리가 같이 보내는 게 좋았지."

"우리가 징하게 싸운 만큼 연대도 많이 받았잖아. 어디 가서 이런 사람들을 또 만날까? 수많은 인연이 기륭투쟁을 통해서 이어지고 있잖아. 기륭투쟁이 감사하고 고맙고 그래."

종희 씨와 홍희 씨도 복직할 때의 소감과 지난 소회를 이야기한다.

"한편으론 홀가분하고 한편으론 서운한 것도 있지. 최동열 회장을 구속시키지 못한 게 제일 아쉬워. 일자리 알아보는데 오라는 데는 없고 나이는 먹고 갑갑하지. 어떨 때는 앞이 캄캄할 때도 있고… 그래도 후회는 안 해. 이미 여까지 와버렸응께. 내가 들여놨응께. 뺄 수도 없고, 이미 끝났응께. 모르는 거 많이 배웠지. 성격도 활발해지고 예전엔 음식을 가렸는데 지금은 잘 먹지. 갈등도 있었지만, 인연 때문에 남은 거야. 내가 떠나면 다른 사람이 고생하니까. 나만 좋다고 나만 떠날 수가 없으니께. 정 때문에 못 떠난 거야. 정이 뭔지…."

복직할 때 '하늘을 날아갈 만큼' 좋았다는 유일한 남성 조합원 인섭 씨는 조합원들의 마음이 하나가 될 때 너무 기뻤다고 했다. 조합원들이 힘들어도 하나의 마음으로 다른 동지들 챙겨주는 게 좋았다고 한다.

석순 씨 역시 사회적 합의를 파기한 최동열 회장이 처벌받지 않은 것에 대한 아쉬움을 표현하며, 우리 사회의 한계라고 이야기했다. 석순 씨는 투쟁을 하면서 용역·구사대·경찰들과의 싸움으로 늘 공포 상태에 있다 보니 가족이나 친구를 만나도 그 감정이 유지되어 공격적인 모습을 보이는 자신에 많이 놀랐다고 한다.

"하늘이 무너지는 것 같은 분노로 시작했는데, 어쨌든 내 인생에선 가장 열정적으로 산 기간이었어. 나를 위해서이기도 했지만, 나만을 위해서는 아니었지. 비정규직 문제를 끊기 위해 10년 투쟁 열심히 했어. 성공적인 승리는 아니지만, 최선을 다해 목소리를 낸 기간이기 때문에 후회는 안 해. 내가 늘 우리 조합원들 사랑한다고 말하는데, 우리 가족보다 더 애정을 갖고 있어. 우리는 목숨을 걸고 단식도 같이 한 생사고락을 함께한 사이잖아. 물론, 애증도 있지만… 이 관계를 놓고 가면 어느 인간하고 인간관계를 맺겠어?"

행난 씨와 소연 씨는 점심식사 준비를 하느라 부엌을 오가며 회의를 한다. 압력밥솥에 밥을 안치고 남아 있던 고기와 신김치를 냄비에 넣고 김치찜을 한다. 어느 틈에 고등어도 굽고 치커리와 상추도 씻는다. 가난한 살림이지만, 먹는 것만큼은 풍성한 기륭분회다. 먹을거리는 김치와 밑반찬, 과일 등 대부분 조합원들이 집에서 가져오거나 후원받은 것들이다. 공장 안에서 생존권을 위해 밥그릇을 두드리며 시작했던 기륭분회 투쟁은 용역·경찰과 싸우다가도 함께 밥 먹으며 수다와 웃음으로 재충전하면서 10년을 왔다. 평소에 조합원들은 컵라면과 김치로 먹는 일이 다반사였지만, 연대 오는 이들에게는 따뜻한 밥과 반찬을 챙겨서 먹이려고 했다. 일일주점과 행사 뒤풀이가 있을 때면 재료를 아끼지 않고 정성스레 음식을 장만하고 고마웠던 이들을 초대하여 감사의 마음을 전하는 '오지랖'으로 온 10년이기도 했다.

회의는 샛길로 빠졌다 다시 돌아오기를 반복하다가 결국 점심식사를 하기로 한다. 바닥에 신문지를 깔고 밥상을 차려 또 한바탕 소란스런 시간을 보내고서야 다시 회의가 시작된다.

"난 2010년도는 생각도 하기 싫어. 왜 얘기하는데? 그땐 뭐 하자고 하면 조합원들 생각이 다 흩어졌어."

소수의 인원으로 투쟁했던 2010년 합의 당시 이야기가 길어지자 결국 한 조합원이 뛰쳐나가버린다. 투쟁 10년 토론회 영상과 사진 촬영 작업을 위해 와있던 한범승 씨와 정택용 씨가 촬영은 어떡하냐며 난색을 표한다.

"괜찮아. 근처 아울렛 가서 쉬다가 다시 올 거야."

아니나 다를까. 한 시간쯤 지나자 나갔던 조합원이 슬그머니 다시 들어와 앉는다. 다른 조합원들은 모르는 척 회의에 집중한다. 그렇게 함께 투쟁하고 사랑하고 싸우며 보낸 애증의 10년이었다. 회의가 끝나고 촬영이 시작된다. 한 명씩 쑥스러운 표정으로 의자에 앉는다. 평소 모습을 촬영하기 위해 미리 공지를 하지 않았는데 유일하게 이 사실을 알고 있던 소연 씨만 머리를 자르고 오자 조합원들이 성토를 한다. 각자 자신의 차례를 기다리며 거울을 보고 머리를 만진다.

"머리 괜찮은 거예요?"

"얘 머리 원래 그래."

"혓바닥 내밀지 마."

'찰칵'

"웃어."

"안 웃어져."

'찰칵'

"턱 쪼끔 내려. 눈 좀 떠. 아까는 컸는데."

'찰칵'

"이 보이고 다시 웃어보세요."

"히히히"

'찰칵'

2005. 7 .5.   노동조합 결성 보고대회(생산직 300명 중 정규직·계약직·파견직 약 200명 가입).

2005. 7월 말   계약직과 파견직 등 비정규직 노동자 '계약해지'라는 명목으로 해고 시작.

2005. 7. 29.   노동부, 휴먼닷컴 불법파견 판정 – 기룡전자 완전도급 전환추진.

2005. 8. 24.   '해고중단, 성실교섭, 정규직전환'을 요구하며 공장점거 파업농성 돌입.

2005. 10. 11.   기룡전자 사측 직장폐쇄 공고 후 농성현장 단전단수.

2005. 10. 17.   파업현장 공권력 침탈로 농성 조합원 전원 연행. 공장 앞 천막농성 돌입.

2006. 1~3월   매일 출근투쟁과 공장 앞·아세아시멘트(기룡전자 최대주주) 앞 집회 진행 등.

2006. 3. 3.   아세아시멘트 앞에서 삭발(기룡전자분회 김소연·윤황록·이상묵, 남부지역지회 최정우).

2006. 3. 6~10.   사측, 공장 앞 천막농성장 침탈. 비정규직 연대로 재건.

2006. 3. 10.   최대주주 아세아시멘트에서 창업투자회사 SL인베스트먼트로 변경.

2006. 5월   비정규직 철폐! 기룡투쟁 승리를 위한 삼보일배(금천구청~노동부 관악지청) 등.

2006. 7월   비정규·장기투쟁사업장 9박10일 공동투쟁.

2006. 8. 24.   파업투쟁 1년 결의대회. 단식농성(강화숙·김소연 30일, 전 조합원 12일) – 성실교섭 등 조건으로 노사 합의. 사측, 노조 출근투쟁 이유로 성실교섭 이행 않음.

2006. 10월   서울남부지방검찰청 기룡전자와 휴먼닷컴에 각 500만원 벌금 약식명령 청구.

2006. 12월   기룡전자와 휴먼닷컴 벌금 납부로 불법파견 사법처리 종료.

2007. 1~4월   SL인베스트먼트 앞 집회. 대표이사 권혁준에서 채원석으로 변경. '50리 걷기'

2007. 9~11월   최대주주 SL인베스트먼트에서 송재조(아이리스파트너즈 대표)로 변경. 대표이사 채원석에서 송재조로 변경.

2007. 11. 15.   국가인권위원회, 기룡전자 계약직 노동자들이 제기한 성별 임금차별 문제 사측에 손해배상 권고.

2008. 2월   대표이사 송재조에서 임상현으로 변경.

2008. 3월   대표이사 임상현에서 배영훈(삼성SDS 출신)으로 변경. 회장 최동열 취임. 사측 생
　　　　　산직 노동자 전원 해고·사무직 명예퇴직·가산동 공장부지 매각 추진.

2008. 3. 29.   노조 주주총회 참석하려다 구사대와 용역들의 폭력으로 조합원 다수 부상.

2008. 4. 12~13.   조합원 수련회(충북 영동).

2008. 4. 16.   투쟁 결의대회. 김소연 분회장 삭발.

2008. 5. 11.   오세훈 서울시장 면담 요구하며 시청 앞 하이서울페스티발 18미터 조명탑 고공
　　　　　농성(오석순, 유흥희, 이미영, 최은미). 노사정 3자 교섭 합의하고 내려옴.

2008. 5. 14~21.   기륭전자 여성 비정규직 노동자 1000일 투쟁 승리대회 등 다양한 '1000일
　　　　　사회공동투쟁' 진행(이후 각계각층의 다양한 연대 행사 열림).

2008. 5. 26.   노사정 교섭 진척 없어 문제 해결 요구하며 구로역 CCTV탑 고공농성(윤종희 조
　　　　　합원 14일, 구자현 금속노조 남부지역지회 수석부지회장 18일).

2008. 6월   1년 유예기간 후 정규직 복직 의견 접근되었으나 사측 사원들의 반대로 추진 불가
　　　　　입장 밝힘. 최동열 회장 기륭전자 19.35% 지분을 확보하여 최대주주가 됨.

2008. 6. 11.   전 조합원 무기한 단식농성 돌입(5~94일 단식). 김소연·유흥희·최은미 경비실
　　　　　옥상 단식농성.

2008. 6. 26.   대법원 파견직·계약직 부당해고 패소 판결. 기륭전자 가산동 공장 부지 매각
　　　　　계약.

2008. 9. 12.   단식농성 94일차 김소연 분회장 단식 중단. 병원 후송.

2008. 9. 27.   故 권명희 조합원 노동조합장.

2008. 10. 15.   교섭 재개되었으나 결렬. 기륭전자 최대 바이어 미국 시리우스 원정투쟁단 출
　　　　　국. 사측 구사대 농성장 침탈. 컨테이너 농성장 재건.

2008. 10. 21.   김소연 분회장 공장 앞 상징탑 고공농성 돌입. 구사대와 용역 공조 하에 경찰

특공대 진압. 기륭전자 신대방동으로 사옥 이전 완료.

2008. 10~2009. 12월   가산동 농성장 유지하며 신대방동 신사옥 출근투쟁 · 집회 · 문화제.

2009. 6. 8~27.   ILO총회와 OECD 각료회의 원정투쟁 전개.

2010. 3. 26.   기륭전자 대표이사 배영훈에서 최동열로 변경.

2010. 5. 18.   기륭전자 전현직 대표이사 업무상 배임혐의 고소 · 고발 기자회견.

2010. 8. 14.   기륭전자 구사옥을 매수한 (주)코츠디앤디가 구사옥 농성장에 포클레인 동원한
　　　　　　철거용역 투입. 경비실 옥상농성 돌입(윤종희. 오석순). 노동조합 구사옥 부지개발
　　　　　　과 최동열 회장 관련 의혹 제기.

2010. 10. 13.   노사 간 의견접근 이루어 본 교섭 열어 13일 조인식 논의하였으나 최동열 회장
　　　　　　수용불가 입장으로 교섭결렬. 옥상 농성자들 단식농성 돌입.

2010. 10. 15.   포클레인 고공농성 투쟁 돌입(김소연. 송경동).

2010. 11. 1.   국회에서 조합원 10명에 대한 고용과 고소 · 고발 취하 등을 내용으로 하는 '금속
　　　　　　노조–기륭전자 합의문 조인식' 진행.

2010. 11. 5~13.   기륭투쟁 승리 보고대회. 지역 주민과 함께 하는 마을 잔치.

2011. 1~12월   전국을 돌며 연대해준 이들에게 감사 인사. '비정규직없는세상만들기', '현장을
　　　　　　지키는 카메라에게 힘을', 한진중공업 '희망버스' 등 참여.

2011. 11월   유흥희 분회장 당선. 분회장 이취임식.

2012. 1~12월   쌍용자동차, 유성기업 등 투쟁사업장 연대활동.

2012. 12월   김소연 조합원 노동자대통령 후보로 대통령 선거 출마.

2013. 5. 2.   합의서에 의거 5월 1일 자로 복직. 신대방동 기륭전자 신사옥으로 출근.

2013. 9. 6.   합의이행과 경영투명성 촉구하는 집회. 주 1회 집회 시작(신사옥, 한국거래소).

2013. 12. 30.   기륭전자 야반도주, 기륭전자 신사옥 철야농성 돌입.

2013. 12. 31.   최동열 회장 집 앞 항의 시위, 매일 아침 최동열 집 앞 선전전 시작.

2014. 2. 6.   '사회적 타결 합의, 그 이후 사회적 책임에 대하여' 국회 토론회.

2014. 2. 19.   기륭전자 기업의 계속성 및 경영투명성 문제로 상장폐지 최종 확정.

2014. 3. 10.   최동열 공시위반 및 배임의혹 금융감독원에 진정서 접수.

2014. 3. 31.   기륭전자 정기 주주총회 무산되었으나, 무산된 주총이 성사된 것으로 간주하고
            95% 무상감자를 하여 6,400만원짜리 회사로 만듦.

2014. 5. 21.   법원집달관과 용역, 농성장 강제집행.

2014. 6월   기륭전자(현 렉스엘이앤지) 대표이사(전·현직) 특정경제범죄가중처벌등에관한법률
            위반 고발.

2014. 9. 27.   기륭전자 최동열 회장 사기죄 고발 기자회견 후 검찰청 접수(고발인 11,768명 참여).

2014. 10. 30.   서울중앙지법, 체불임금 소송을 제기한 조합원들에게 임금 지급할 것을 선고.

2014. 11. 30.   기륭전자 폐업신고.

2014. 12. 22.   비정규직 법제도 전면폐기 사회적 투쟁 선포 '오체투지' 기자회견.

2014. 12. 30.   중앙지검, 최동열 회장 업무상 배임 고소고발 사건 증거 불충분 무혐의 처분.

2014. 12. 31.   358일 간의 신사옥 철야농성 정리.

2015. 1~2월   2,3차 '오체투지' 전개. 중앙지검, 최동열 회장 사기죄 무혐의 처분.

2015. 5. 12.   최동열 배임 및 사기죄 재정신청 수용 촉구 서울고등법원 앞 일인 시위 시작.

2015. 7. 8.   최동열 회장 업무상 배임 고등법원 재정신청 기각.

2015. 7. 17.   기륭전자분회 투쟁 10년 평가토론회. 최동열 회장 사기죄 고등법원 재정신청
            기각.

2015. 10. 8.   최동열 회장 사기죄 대법원 재정신청 재항고 기각.

2015. 10. 15.   복직 조합원 체불임금 관련 대법원 승소(근로계약관계 성립 인정).

5

'창조'적으로 노조를 파괴하는 방법

·

유성기업지회

만화

최규석

1977년 경남 진주 출생. 상명대 만화학과 졸업. 1998년 서울문화사 신인만화공모전으로 데뷔했다. 대표작으로 《송곳》, 《공룡 둘리에 대한 슬픈 오마주》, 《습지생태보고서》, 《대한민국 원주민》, 《100도씨》, 《울기엔 좀 애매한》, 《지금은 없는 이야기》 등이 있다. 서울국제만화애니메이션축제 단편상, 대한민국만화대상 우수상, 부천만화대상 대상, 한국출판문화상 아동청소년 부문 대상, 오늘의 우리만화상 등을 수상했다. 이번 작업에는 취재부터 시나리오까지 성공회대 노동아카데미 하종강 교수의 도움을 받았다.

글

1967년 전남 벌교 출생. 2001년 〈실천문학〉을 통해 작품 활동을 시작했으며, 구로노동자문학회와 전국노동자문학연대에서 활동했다. 시집 《꿀잠》, 《사소한 물음들에 답함》을 냈고, 산문집으로 《꿈꾸는 자 잡혀간다》가 있다. 그 외 다수의 함께 쓴 책이 있다. 제12회 천상병시문학상, 제6회 김진균상, 제29회 신동엽창작상 등을 수상했다.

송경동

플 랜
PLAN

최규석

막내네 왔네. 어여들 와.

많이 막히지?

큰오빠네 갔다더니?

암 소리 말고 들어와.

정 서방 받게.

예.

4남매 내외가 다 모이니 얼마나 좋나?

민준이 고등학교
들어가지?

외삼촌이랑 외숙모도
부모나 마찬가지고
사촌형제도 형제다.

고등학교 가서
모르는 거 있으면
승호한테 물어보고.

아빠, 안 그래도
우리 친해.
폐친이야.

어, 그래?

친하게 지낸다니 좋네.
살다 보면 뜻이 안 맞고
그럴 때도 있는 거다.

그래도 형제는 형제야.
아랫사람이 먼저 숙이고
윗사람이 보듬고
그렇게 풀어야지.

외삼촌 얘기
알겠어?

예…

차 막히기 전에
먼저 일어나겠습니다.

민준아 가자.

정 서방 조금만
앉았다 가게.
챙겨줄 것도 있구만…

여보!
같이 가!

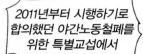
2011년부터 시행하기로
합의했던 야간노동철폐를
위한 특별교섭에서

사측은 어떠한
성의 있는 태도도
보이지 않았습니다.

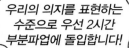
우리의 의지를 표현하는
수준으로 우선 2시간
부분파업에 돌입합니다!

회사의 재정상태를 고려하지 않은
유성지회의 '주간연속2교대제/월급제'
도입 요구에 대하여 11차 교섭까지
이어가며 회사의 입장을 전달하는 등
논의를 지속하고 있지만

유성지회가 결품사태를 무기로
태업 및 근로제공거부 등의
집단행동을 지속할 경우
유성지회의 요구를
받아들일 수밖에 없게 되는 바

제도 도입이 초래할 회사
존립의 위험성을 감안하였을 때
특단의 대책이 요구됨.

…유성지회와 정상적인
노사관계를 형성하지
못하고 있는 상황…

…유성지회에 적극적으로 대응…

회사 측 채증인원이
신속하게 불법행위 현장에
집합하는 것이 중요함.

채증장비는 다양할수록
많은 채증이 가능함.
캠코더와 디지털카메라가
가장 이상적이나…

노조의 쟁의행위에 대응하는 행위는
노조의 쟁의행위와 균형을 유지해야 함.

…강력히 초동대처하되, 노조 측의 쟁의행위의 수위에 맞춰

형평을 잃지 않도록 유의해야 함.

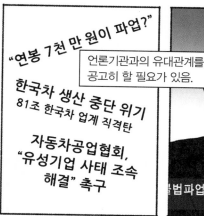

"연봉 7천 만 원이 파업?"

한국차 생산 중단 위기
81조 한국차 업계 직격탄

자동차공업협회, "유성기업 사태 조속 해결" 촉구

언론기관과의 유대관계를 공고히 할 필요가 있음.

불법파업과 근로자 권익침해 둘

노동부, 검찰, 경찰, 법원 등 해당 지역 관계기관과의 공조가 무엇보다 중요함.

평상시 이들 기관과의 유대관계를 공고히 하고, 비상시에는 적극적으로 법 집행을 요구하여야 함.

…유성지회가 일괄복귀 선언을 하였고, 직장폐쇄 초기 유성지회의 사업장 점거로 인해 전국적인 유명세를 치렀으며,

직장폐쇄 이후 벌써 한 달이 도과한 상태인 바, 직장폐쇄 장기화에 따른 각계의 직장폐쇄 해소 압박이 심해지고 있음.

직장폐쇄가 장기화되며 폭력, 파괴 행위가 심해지고 있는 상황에서 이에 반감을 갖고 집회현장에 참석하지 않는 조합원들의 개별복귀가 지속될 것으로 판단됨.

조합원들의 복귀가 한두 명씩의 소수인원별 복귀로 이어질 가능성은 낮은 바…

절마들 저거 딱 본께 금방 복귀하겠네.

갈 거면 혼자 가지…

형님, 어디 가세요?

어, 정 서방.

나이가 드니까 한뎃잠 자기가 힘드네.

잠을 자야 싸움도 하지.

내일 봐.

예, 푹 주무시고 오세요.

느그 처남 저라다 복귀하는 거 아이가?

에이~ 노조 간부까지 했던 분인데… 원래 좀 깔끔해, 성격이.

전체 조합원 규모와 복귀한 조합원 숫자를 고려하였을 때 … 약 200여 명이 집회에 참가하지 않고, 가정에서 머무르고 있을 것으로 판단됨.

key맨(동문회장, 향우회장, 동아리장, 계장 등)을 집중적 선무활동 대상자로 선정하여 조합원 업무복귀를 진행하여야 함.

예, 형님.

어디 불편하세요? 요새 농성장에 잘 안 보이시던데.

정 서방, 그만하고 나랑 같이 복귀하자.

이 싸움 우리 못 이긴다.

부분파업에 직장폐쇄
때린 거부터 정부가 저리
나오는 거 보면 모르겠어?

원청이랑 정부가
밀어주는데 우리가
무슨 수로 이기겠나.

올빼미
공격
대작전

직장
폐쇄
철회하라

해봤자 질 거면
자네라도 살아야지.

내가 사장한테
말해서 크게 징계
안 받게 해줄게.

key맨의 활용을 위하여 회사는
일정한 이익을 미리 제시하여야
… 징계시 선처를 약속하고
… 승진 등에서 인사상 이익을
제공할 것임을 제안 …

형님, 들어가시는 건
좋은데 다른 사람들은
데리고 가지 마세요.

제발 혼자 가세요.
끊습니다.

야, 정 서방!
너 가족 생각은 안 해?
내 동생 그만큼 고생시켜놓고
얼마나 더 고생시키려고
그러냐!

214

유성지회는 회사가 선별복귀를 강요하며, 수용하지 않고 있다는 내용으로 대외홍보를 계속하고 있음.

사업장 단위 복수노조 설립이 허용됨에 따라 2011.7.1. 이후 노조 설립이 가능함.

의장 : 우리 회사는 설립된 지 50년이 넘은 회사이고 … 언제부터인가 기존 노동조합은 조합원들이 아닌 상급단체 등 제3자의 명분을 앞세우며 자신들만의 노동운동을 해왔습니다.

최근 불미스러운 사태 또한 … 결과적으로는 금속노조 등 외부세력에 의해 우리 조합원들이 희생을 당하기만 하였지 아무것도 얻은 것이 없습니다.

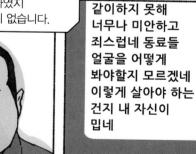

같이하지 못해 너무나 미안하고 죄스럽네 동료들 얼굴을 어떻게 봐야할지 모르겠네 이렇게 살아야 하는 건지 내 자신이 밉네

사회자 : 다음은 안건 토론 및 의결 순서입니다. 노조 설립 결의의 건, 노조 규약 제정 건, 임원 선출 건 순으로 진행하겠습니다.

야 이 새끼들아!
동료들 배신하고
개돼지처럼 갇혀서
일하니까 좋냐?

나와라!
같이 싸우자!

저 친구 니 매제 아냐?
암만 그래도 손윗사람한테
새끼가 뭐냐 새끼가…
에이~ 씨

……

유성지회 조합원들의 복귀가
시작된 이후 회사와 유성지회 간의
주도권 싸움이 진행 중.

신규 복귀자들 라인
들어가지 말고 교육받으란
얘기 못 들었어?

무슨 교육이요?
노조랑 합의된
겁니까?

뭐 해?
끌어내!

…회사의 징계권
행사에 대하여 실감하지
못하고 있는 상태임.

…조합원들은 복귀 이후 예전처럼
회사 내에서 주도권을 잡을 수 있을
것이라는 막연한 기대를 갖고 있음.

니네들 다 미쳤지?
시킨다고 진짜 막아?!

그러나 … 1차 징계절차가 마무리되어
해고 등 중징계가 이뤄지는 10월 초순에는
회사의 징계권 행사에 대한 실감을
할 것으로 판단됨.

이게 도대체 뭐야!
우리한테 왜 이래!

오빠가 정 서방한테 개돼지
소리까지 들었다더라.
그 소리 듣고도 참아줬으면
좀 숙일 줄도 알아야지.

너 첫애 낳았을 때
큰애가 어떻게 했어?
그런 거 생각해서라도…

엄마! 정 서방이
승호한테 용돈 준 거
새언니가 통장으로
다시 부친 거 알아?!
왜 우리한테만 그래!!

그러게 왜 오빠 있는 데서 그런 소리를 했어? 왜?!

그래 다 내 잘못이다! 내 잘못이야! 나만 없어지면 되겠네!

나만 없어지면! 나만 없어지면!

1. 컨설팅의 계약기간은 2011년 5월 6일부터 2012년 5월 5일까지 12개월로 한다.
2. 전항 계약기간 중이라도 본 컨설팅 목적의 조기 달성시 상호 합의하여 계약이 종료될 수 있으며…

우리는 올빼미가 아니다

송경동

저만큼 유성기업 아산공장 정문이 보인다.

오랜만이다.

간간이 집회 현장에서 만나 반갑게 손 맞잡으며 한번 내려가겠다고 약속한 것이 몇 번이었을까. 유성기업 해고자들과는 2015년 2월 초 쌍용자동차 해고자 이창근과 김정욱의 세 번째 고공농성 연대를 함께했다. '비정규직-정리해고 법제도 전면폐기를 위한 행진'의 일환으로 차가운 서울 시내 전역을 지렁이처럼 기어가는 오체투지를 함께하기도 했다. 마지막 날 광화문 정부종합청사 앞 공권력이 가로막은 자리에서 하룻밤을 엎드린 채 꼬박 새우던 기억도 난다. 그날 밤 12시경 경찰청은 유선을 통해 쌍용차 김득중 지부장에게 15분 후 강제 해산·연행에 나서겠다는 최후통첩을 해왔다. 피해를 최소화하기 위해 몸이 무거운(?) 사람들을 설득해 뒤로 빼내야 했다.

끝내 일어나지 않으려는 사람들 중에 유성기업 해고자들이 있었다.

2014년 6월 28일 경부고속도로 옥천나들목 광고탑에서 295일 동안 고공농성을 하다 내려온 이정훈 유성기업 영동지회장은 그해 겨울 노동자대회 때야 인사를 나눌 수 있었다. 한 말끔한 사내가 반갑게 악수를 청해왔다. 내가 순간 낯설어하자 "저, 이정훈입니다" 하는데 왈칵 눈물이 솟을 뻔했다. '그래, 이렇게 살아 평지에서 다시 만나 시작하는 거지' 싶으면서도, 평범한 노동자 민중들만 철탑으로, 광고탑으로, CCTV카메라탑으로, 굴뚝으로, 망루로 올라야 하는 현실이 서러웠다. 그의 고공농성이 154일에 접어들던 2014년 3월 15일, 그와 그의 동료들을 찾아가는 '유성 희망버스 1차'를 준비하는 일에 함께했다. 날을 꼬박 새우고 난 아침, 벗들이 글쟁이라는 이유로 내게 다음에 우리 모두가 함께 오겠다는 마지막 약속글을 작성하라는 숙제를 내줬다. 밤새 한잔 한데다가 한숨도 못잔 상태였지만, 지나가는 사람 하나 보기 힘든 고속도로변 광고탑 위의 고독한 그를 위해서는 무어라도 해야겠다는 마음이었다.

전국 97대의 희망의 버스, 희망의 자동차들이었습니다. '유시영을 구속하라 버스', '노조파괴 특검을 실시하라 버스'. '철도전기가스민영화반대 버스', '무상교육실현 버스', '정리해고 비정규직 없는 세상 버스', '심야노동철폐 버스', '무노조 삼성에 맞선 또 하나의 약속 버스', '청소노동자와 함께 하는 예술 버스', '장애등급제 부양의무제 폐지 버스', '손배가압류-구속노동자 없는 세상 버스', '힘내라 민주언론 버스', '탈핵밀양 버스' 등이 함께 외치는 힘찬 함성이었습니다. 노래였고, 춤이었고, 웃음이었고, 힘찬 껴안음이었습니다. 우리에겐 사장이 필요 없다는, 우리에겐 대리가 필요 없다는, 다른 세상이 필요하다는 뜨거운 연대와 확신의 한마당 축제였습니다. 또 하나의 해방구였습니다.

정부와 공권력, 사측은 이 모든 희망버스 승객들의 연대를 막으려 했지만 어떤 도발도 할 수 없었습니다. 우리는 어떤 자본의 벽도, 공권력의 벽도 넘을 준비가 되어 있었습니다. 이 사회의 주인은 우리라는 것을 확인시킬 준비가 되어 있었습니다. 3.15 유성 희망버스는 그 태생 자체가 불의와 폭력에 다름없는 박근혜 정부의 민주주의와 민중생존권 파괴, 공안탄압의 흐름에 제동을 거는 노동자 민중의 승리의 장이기도 했습니다. 이 땅의 주인은 우리라는 경고의 경적소리였습니다. 모든 민중투쟁의 현장에서 우리는 더 이상 밀릴 수 없다는 결의를 다지는 장이었습니다.

이 경고에 대해 이젠 정부와 국회, 사측이 답해야 합니다. 유시영과 두 공장장은 구속되어야 하고, 더불어 사측은 최대한 빠른 시간 안에 성실한 교섭을 통해 특별교섭 의제들에 대한 노사 합의에 나서야 합니다. 국회는 민주노조 파괴 시나리오에 대한 특검에 나서야 하고, 반민중적 노동법안들의 전면 폐기에 나서야 합니다. 그런 합당한 과정을 통해 이정훈 지회장이 안전하게 우리 품으로 돌아와야 합니다.

그러지 않을 경우, 유성 희망버스는 더 거대한 희망의 전령들이 되어, 거센 파도가 되어 다시 전국의 모든 곳에서 출발할 수밖에 없다는 것을 우리는 결의했습니다.

– 〈3.15 유성 희망버스 승객들의 약속〉 중에서

1차 유성 희망버스는 이렇게 굳게 결의했지만 결국 다시 유성기업을 향해, 이정훈을 향해 출발하지 못했다. 2차 유성 희망버스를 준비하던 중, 4.16 세월호 참사가 쓰나미처럼 거대하게 한국 사회 전체를 덮쳐 버리고 말았다. 세월호 참사 이전부터 모든 삶이 세월호에 다름 아니었던 노동자 민중 사안도 모두 정지 상태에 들어갔다. 저기 경부고속도로 옥천나들목 광고탑에 또 한 명의 노동자가 작은 세월호가 되어 언제 침몰할지 모르는 상황이라고, 우리가 함께 구해주어야 한다고 한 번쯤은 절규해보고도 싶었지만, 그러기엔 세월호 참사로 인한 아픔들이 너무나 거대했다. 약속을 못 지켜 미안하다고 통화할 때마다 이정훈과 홍종인과 유성기업 노동자들은 무슨 소리냐고, 당연히 세월호 참사 진상규명 투쟁에 매진해야 한다고, 3년 넘게 이렇게 살아왔다고, 걱정 말라고 했다. 아무도 기억해주지 않아도 한 번도 꺾인 적이 없다고 오히려 우리를 위로하곤 했다. 이정훈은 그렇게 다시 잊혀진 채로 외로운 고속도로변에 언제 침몰할지 모르는 돛단배 한 척이 되었다. 140여 일을 더 혼자 흔들리다 온몸이 탈진된 채로 병원 구급대원들에 의해 실려 내려와야 했다.

　　메르스 때문에 전국 2,000여 개 학교가 휴교에 들어갔을 때 문득문득 든 생각이 있다. 왜 사람들은 일상의 메르스에는, 우리들의 생활 전반에 깊숙이 들어와 있는 사스에는 관심도 경각심도 없을까 하는 것이다. 하루 일곱 명씩이 착실히 죽어가는 산업재해, 쌍용자동차에서만 벌써 28번째 희생자가 나오면서 그 자체가 '살인' 행위에 다름없음을 증명한 정리해고,

OECD 최고 자살공화국의 저변에 도사린 '비정규직화', '불안정노동사회'. 그 일상의 병원체들에 둘러싸여 아무런 안전장치 없이 수많은 사람들이 죽어가는 이 재난과 위험사회에 대해서는 왜 분노하지 않을까 싶었다. 사스나 광우병이나 신종인플루엔자로 실제 생명을 잃은 사람은 의외로 거의 없다. 하지만 그간 진행된 정리해고-비정규직화라는 절망의 바이러스는 이루 셀 수조차 없는 사람들의 목숨을 실제로 빼앗아갔다. 더더욱 메르스는 백신도 치료약도 없다지만, 정리해고와 비정규직화 등의 인재들은 치료약이 많다. 소수의 자본가들 배가 조금만 덜 부르면 된다.

2011년 시작되어 5년째 민주노조 파괴 시나리오에 맞서 죽기를 각오하고 생존 투쟁을 벌이고 있는 유성기업 노동자들 싸움도 그렇다. 싸움의 계기는 '심야노동 폐지'였다. 심야노동은 웬만한 전염병은 따라올 수 없을 정도로 많은 이들의 생명을 앗아가거나 단축시켜온 사회적 병원체에 다름 아니었다.

심야노동 철폐, 우리는 올빼미가 아니다!

"밤엔 잠 좀 자자."

벌써 5년째 분규가 끝나지 않은 유성기업 투쟁의 시작은 이처럼 소박했다. 유성기업은 1959년 8월 15일 서울 오류동에서 선반 몇 개 놓고 자동차 부품 피스톤링을 가공하는 작은 공장으로 출발했다. 현재는 자동차 부품 가공 국내 1위를 자랑하는 기업이 되었다. 아산공장, 영동공장, 대구공장, 남동공장 등에, 사업을 확장시켜 국내 7개 계열사와 중국 공장까지 두고 있다. 자동차 엔진 심장부를 가동하는 내연기관 일체를 가공하고 있으며, 납품 업체는 현대자동차를 비롯하여 기아, 지엠대우, 쌍용, 르노삼성 등이 있다. 선박, 농기계, 2륜 오토바이 내연기관 수출까지 하고 있다. 국내 시장점유율만 60~70%대다. 세계적 경기침체기였던 2008~2009년을 제외하면 매년 순이익만 100억 원대로 경영도 탄탄했다. 평균 근속연수 20년에 이르도록 주야 맞교대에, 잔업과 연장근로를 쉬지 않으며 생산라인을 돌려온 노동자들 노고이기도 했다.

"하지만, 이제 밤엔 잠 좀 자면서 일하자."

월급을 더 올려달라는 것도, 어떤 혜택을 더 내놓으라는 것도 아니었다. 그간 반납해왔던 '인간의 밤'을 우리도 느껴보자는 가장 기본적인 요구였을 뿐이다. 2009년부터 2011년까지 심야노동에 시달린 노동자 일곱 명이 사망하기도 했었다. 심야노동을 마치고 퇴근하는 통근버스 안에서, 집에서 자다가, 또는 우울증으로 인해서 유명을 달리했다. 만성적인 피로감과, 스트레스, 정상적이지 못한 사회생활 등도 까닭이었다.

독일수면학회는 "야간근무를 하는 노동자가 주간근무만 하는 노동자보다 평균 수명이 13년 짧다"는 연구보고서를 발표하기도 했고, 2007년 세계보건기구(WTO) 국제암연구소(IARC)는 야간노동을 2A등급 발암물질로 규정하기도 했다.

또한 주야간 교대근무로 발생한 수면-각성 장애를 산업재해로 인정했다.

— ≪주간연속2교대제 투쟁의 과거 · 현재 · 미래≫(엄길정 · 최병승 공저, 노동자혁명당 추진모임,
2012) 73∼74쪽.

심야노동 폐지와 주간2교대제 실행은 오랜 시간 노사 공동 과제이기도
했다. 2003년부터 논의를 해오다 2009년 노사 간 합의에도 이르렀다. 오랜
시간 노사가 함께 준비를 해왔기에 2009년 노사 합의 내용은 정말 구체적
이기도 했다.

- 주간연속2교대제 도입은 현 경제상황 및 제반조건들을 감안하여
  2011년 1월 1일 실행을 목표로 추진한다.(합의서 제2조 1항)
- 위 주간2교대제 도입 관련 중요사항(임금, 생산능력 및 생산량)은 2010년
  특별교섭으로 진행하며 그 외 세부사항은 2010년 1월 1일까지 노사준
  비위를 구성하고 회의를 정례화하여 해결해 나간다.(합의서 제2조 2항)
- 회사는 조합원에 대하여 주간연속2교대 시행 시 시급제를 월급제로
  전환하는 것을 목표로 하여 추진한다.(합의서 제3조 2항)

이미 두원정공이 주간연속2교대제를 성공적으로 도입해가고 있었고, 현
대자동차 등 산업 전반으로도 심야노동 폐지 논의가 본궤도에 올라 있었
다. 정부조차도 2012년부터 장시간 노동을 규제하겠다고 나서기도 했다. 주

야 맞교대, 즉 심야노동은 기본적으로 장시간 노동 체제의 연장이다. 심야노동 폐지를 위한 논의는 현대자동차의 경우 길게는 14년, 짧게는 9년여 동안 지속되어 온 노사 핵심의제였다. 이는 보편적 인권을 위한 오래된 사회적 과제이기도 했다.

오히려 노동조합에서는 조합원 설득에 공을 들여야 했다. 2011년 파업 당시, 이명박 전 대통령이 연봉 7,000만 원의 배부른 노동귀족들의 투쟁이라고 허위 사실을 유포하며 공권력 탄압에 나서기도 했지만, 실제 유성기업 노동자들의 기본급은 150만 원대였다. 그 외의 임금은 모두 잔업, 철야, 특근 등 시간외수당으로 채워지고 있었다. 월별 평균을 보면 연장근로가 30시간, 야간노동이 80시간, 주말특근이 37시간이었다.

'시급제'를 '월급제'로 변경한다는 노사 합의가 중요한 까닭이기도 했다. 시급제는 기본급 외의 임금을 시간외수당 형태로 묶어두고 임금(수당)을 통해 노동자 통제와 탄압에 나서고자 하는 자본의 오래된 핵심전략이다. 시급제는 기본급을 최대로 낮게 책정하여 노동자가 생계를 위해 어쩔 수 없이 노동시간 연장을 선택하게 만드는 수단이기도 했다. 경제위기가 닥치면 기본급 외 임금을 지불하지 않을 수 있는 합법적이고 효과적인 수단이기도 했다. 법정 노동시간 40시간 강제를 우회해서 생산성 향상을 위해 무한히 노동시간을 늘릴 수 있는 편법의 공간이기도 했고, 심야노동을 존속할 수 있는 수단이기도 했다. 나아가서는 전 인류가 지난한 투쟁의 성과로 쟁취한 노동시간 단축으로 인해 줄어든 이윤율을 야간노동 부활을 통해 만회하려는 전략이기도 했다. 주간연속2교대제 시행과 함께 '월급제' 도입이 중요한 이유다.

사정이 이러한데도 자신의 건강보다도 주간연속2교대제로 전환하게 되면 이런 임금(수당) 보전의 기회조차 잃지 않을까 걱정하는 이들이 많았다. 사회복지망이 전무한 대한민국 사회에서 힘겹게 자신 이외의 가족을 건사하며 살아가야 하는 노동자들의 전형적인 '불안'이 유성기업 노동자들에게도 있었다. 그래서 주간연속2교대제 실시에 대한 전제조건으로 처음부터 논의가 되었던 것이 '임금삭감과 노동조건 저하 없는…'이었다. 사측은 생산량 저하를 주로 문제 삼았지만, 주간연속2교대제를 통해서도 충분히 예전과 같은 생산량을 유지할 수 있다는 상호 조사와 연구가 있었기에 원만한 합의에 이를 수 있었다. 노동자들 역시 약간의 임금(수당) 삭감 효과가 있더라도 '인간답게' 살아볼 수 있다는 기대에 노사 합의를 인정했다. 사측이 걱정하는 (명목상) 노동시간 단축에 따른 생산물량 확보 방안으로 노동자들이 '조기 출근 즉시 생산체제 확립', '오전·오후 연계 작업 실시', '휴게시간 축소', '노조원들의 근태 관리' 등을 대안으로 먼저 제시하기도 했다.

그런 유성기업에서 이후 어떤 일이 벌어졌을까?

2010년 12월 23일 노조는 "세부사항은 2010년 1월 1일까지 노사준비위를 구성하고 회의를 정례화하여 해결해 나간다"는 2009년의 합의에 따라 특별교섭을 요구했다. 이후 10회에 걸친 특별교섭을 진행했지만, 사측은 아무런 준비도 하지 않은 채 불성실 교섭으로 일관했다. 어쩔 수 없이 충남지방노동위원회에 노동쟁의조정 신청을 했다. 사측의 일관된 불성실로 조정 중지 결정이 나자, '파업'이라는 단체행동권 행사 말고는 교섭력 유지의 방법이 없었다. 2011년 5월 18일 노조의 쟁의행위 찬반투표는 조합원 78퍼센트의 찬성으로 가결되었다. 헌법에 보장된 단체교섭권, 단체행동권의 법적 요건과 절차를 모두 성실히 따른 적법한 행동이었다. 매년 반복되어오던 일이기도 했다. 유성지회는 지난 6년간 연평균 7일 내외 파업을 거치기도 했다. 임금·단체협약 체결을 위한 일이기도 했지만, 산별노조의 지침에 따른 노조의 대사회적 역할이기도 했다. 2009년 노사 합의도 있었기에 통상적인 밀고 당기기 과정에 서로의 이해가 상충되는 접점이 찾아지겠지 했다.

그런데 이후 유성기업 노동자들에게 어떤 일이 벌어졌는가?

잊지 못할 5.18, 창조컨설팅 노조파괴 시나리오

- 발레오전장 집행부 교체(강경→온건) 조직형태 변경(산별노조→기업별노조)
- 상신브레이크 금속노조 탈퇴(2010. 11)
- 대림자동차 민주노총 탈퇴(2010. 5)
- 연세의료원 노사 화합 선언 7,500명→3,000명
- 동아대의료원 1,500명→200명
- 캡스 2,200명→20명
- 서울 성애병원 노조 해산 / 광명성애 3년간 무분규 선언 650명→15명
- 영남대병원 1,800명→60명

- 레이크사이드 노조 해산
- 동우파인캠 900명→0명

- 2011년 4월 창조컨설팅이 유성기업에 제출한 〈노사관계컨설팅 수행 내용〉

(2012년 9월) 24일 국회 환경노동위원회에서 산업현장 용역폭력 청문회가 열린 가운데 노무법인이 노조파괴 컨설팅을 전문적으로 진행했다는 의혹과 함께 권력기관이 비선을 이용해 조직적·상시적으로 노동계를 탄압해왔을 가능성이 제기돼 파문이 일고 있다.

익명의 제보를 통해 정보를 입수한 은수미 민주통합당 의원은 노무법인 창조컨설팅이 만들었다는 '대외비' 문건을 공개하며 "유성기업을 놓고 청와대부터 국정원·경총·경찰·노동부에 이르기까지 유관기관이 대응전략을 구상한 것으로 보인다"고 주장했다.

26일 <오마이뉴스> 팟캐스트 방송 <이슈 털어주는 남자>(이털남)에 출연한 은 의원은 "창조컨설팅이 관여한 10여 개의 노사 분규가 모두 비슷한 방식으로 끝나 의심하고 있던 차에 익명의 제보자로부터 자료를 받았다"며 "(노사 분규 보고를) 정기적으로 매주 한 번 받았던 인물 이름이 청와대 아무개 국장, 경찰청 누구, 국정원 누구까지 다 나온다"고 말했다. 창조컨설팅의 노조파괴와 관련해 정부 기관들이 동향 보고를 받고 있었다는 것.

- 〈오마이뉴스〉 2012년 9월 26일, "용역폭력으로 시작된 청문회, '노동게이트'로 터질 것" 중에서

2011년 5월 18일 쟁의행위는 수위가 높은 것도 아니었다. 아산공장에서

2시간 부분파업을 진행했는데, 내용은 '조합원 간담회' 형식이었다. 간담회를 마친 주간조 조합원들이 잔업을 하지 않고 퇴근한 저녁 6시, 회사는 전격적으로 고용노동부 천안지청에 직장폐쇄 신고서를 접수하고, 모든 공장에 용역깡패들을 배치했다.

이후부터는 모든 게 악몽이고 모욕이었다.

5.18 직장폐쇄 사건 터졌을 때 선전부장이어서 카메라를 담당했었어. … 용역이 내가 카메라를 찍으니까 나한테 돌을 던졌는데 내가 피했단 말이죠. 근데 뒤에 있던 조합원이 맞아가지고 광대뼈가 나갔어. 아직도 생생하게 생각나고, 꿈도 많이 꾸고, 아직까지도 귀에서 이렇게 울리거든.

─ ≪우리 노동자로 살아가다≫(땡땡책협동조합 엮음. 땡땡책협동조합, 2014) 69쪽,
  김풍년 증언 중에서

회사에서 직장폐쇄를 통해서 우리 조합원들을 쇠파이프로, 소화기로 했던 그런 것들이 있잖아요. 저 한동안 그런 꿈 무지하게 꿨어요. 한 1년 가까이는. 매일 공장 안에서 집회하는 꿈, 공장 위에 올라가서 뛰어내린다고 하는 꿈, 어떤 때는 우리 식구들이 걸어가는데 갑자기 새까만 놈들이 몰려 나와가지고 나무로, 쇠파이프로 때려서 맞는 꿈, 울부짖는 꿈, 이런 꿈들을 한 1년 가까이 꾸다보니까 그래 좀, 사람이. 트라우마가 생겨버린 거죠. 한동안은 까만 옷 입고 모자 쓰고 있는 애들만 봐도 움찔했어요. 용역깡패라는 생각에.

─ 같은 책 69쪽, 김선혁 증언 중에서

직장폐쇄 때 머리 다치고, 작년인가 관리자가 밀어가지고 뒤로 넘어가 머리 다치고, 그래 가지고 상태가 썩 좋은 편은 아니에요. … 기억력도 많이 없고, 사람이 말하는 그런 것들에 대한 이해력도 떨어져요. 누가 얘기를 해도 잘 이해를 못 하고는 금방 들었다가 까먹어요. 정도가 심해진 것 같아요. 화가 많이 나지요. 제가 그러고 나서 우울증 약을 한 4개월째가 먹고 있거든요. 컨트롤이 잘 안돼요. 그래가지고서 약을, 진정제 같은 걸 먹고 정신과 치료를 받으면 좀 순화가 되더라구요.

– 같은 책 70쪽, 신기병 증언 중에서

일터에서 쫓겨난 노동자들은 90일 동안 근처 비닐하우스에서 피눈물을 흘리며 싸워야 했다. 용역깡패들은 잔인하기 이를 데 없었다. 국정조사 과정에서 밝혀진 대로 그들은 '준공권력'을 넘어 공권력보다 훨씬 잔인하고 무법천지인 '사설용병'이었다. 첩보활동을 하다 들킨 용역깡패가 대포차로 조합원들을 덮쳐 13명이 중상을 입고 병원으로 실려 가기도 했다. 매일 매일 이 공포의 도가니였다. 하루가 멀다 하고 병원으로 실려 가는 이들이 나왔다. 두개골이 함몰되고, 갈비뼈가 부서지고, 콧등이 함몰되는 등 다친 조합원들 치료비만 3억 원이 넘게 나왔다.

정부는 연일 귀족노조의 파업이라고 여론전을 벌이며 노동자들만 압박해왔다. 기다리기라도 했다는 듯 파업 5일 만에 헬기까지 동원한 공권력 4,000여 명이 무자비하게 난입해서 전체 조합원 530여 명을 경찰서로 연행하기도 했다. 유성기업 문제를 다루는 데 역대 최대의 특별수사본부가 차려지기도 했다. 16명이 구속되었고, 두 명의 조합원은 3년의 실형을 꼬박 살아야 했다.

모든 일이 전광석화처럼 진행되었다. 직장폐쇄 기간이라도 노조원들의 노동조합 사무실 출입을 막는 것은 '노동조합 및 노동관계조정법(제81조 제4호)' 위반 행위였다. 직장폐쇄 이후 정당한 이유 없이 모든 교섭을 거부한 것 역시 '노동조합 및 노동관계조정법(제81조 제3호)' 위반 행위였다. 대체근로로 투입된 기존 노동자들에게 주당 32시간 내지 40시간의 연장근로를 시킨 것도, 용역경비원 채용을 노동조합에 통지하지 않은 것도, 직장폐쇄를 사전에 노동조합에 통보하지 않은 것도 모두 부당노동행위에 해당되었다. 하지만 2011년 충남 아산의 허허벌판 한가운데 있는 유성기업에는 어떤 법도 존재치 않았다. 이 모든 부당노동행위와 탄압에 대해 수많은 사회적 고발과 구체적인 사법적 고발이 이어졌지만 경찰과 검찰과 노동부와 법원은 요지부동이거나, 한없이 느려 터지거나, 적반하장이었다.

불법 직장폐쇄가 풀리기까지는 3개월이 걸렸다. 사회적 여론이 들끓고, 천안 지방법원에서 직장폐쇄 철회 가처분 관련한 조정안이 나오고서야 사측은 한발 물러섰다. 그해 8월 22일부터 31일까지 3단계로 나누어 30여 명씩 단계적으로 복귀한다는 합의였다. 하지만 그것은 또 다른 탄압의 시작일 뿐이었다. 이미 창조컨설팅과 회사는 2011년 7월 1일자로 시행되는 복수노조법을 악용해 노조원들을 회유 협박해서 제2노조(기업별노조)를 세워두고 있었다. '교섭 해태, 물리적 충돌 유도 등을 통한 갈등 유발 → 파업 유도 →

직장폐쇄, 공권력 투입 요청 등 탄압 → 회유와 협박을 통한 제2노조 설립 → 징계, 제2노조와의 차별 등을 통해 민주노조 무력화 → 친기업문화 구축'이라는 민주노조 파괴 시나리오의 수순 그대로였다.

전체 조합원 복귀가 완료되는 시점부터 사측은 조합원들의 성향을 분석해 차별 교육을 하고, 동시에 징계를 단행했다. 27명의 해고자를 포함, 출근정지, 정직, 견책 등 중징계를 받은 조합원이 1, 2차 징계를 합쳐 217명이었다. 그중 민주노조 소속이 214명인데 반해 제2노조 소속은 단 3명에 불과했다. 징계 조합원에게는 대민 봉사, 고구마 캐기, 낙엽 쓸기, 하수도 청소를 시키기도 했다. 굴욕적이었다. 입사를 하면서 인격까지 판 것이 아니었는데, 사측은 조합원들의 인격까지 자신들의 소유물처럼 다루었다. 사측은 개별 교섭을 통해 어용노조 조합원들과는 몇 차례의 형식적인 자리를 통해 임금 협상을 마무리 짓고 상당한 액수의 성과급을 지급했다. 하지만 민주노조와는 지금껏 2011년도 임금협상조차 해태하면서 민주노조의 피를 말리고 있다. 잔업, 특근 등에서도 배제된 민주노조 조합원들은 5년여 동안 지속되어 온 생계 압박을 힘겹게 견뎌야 했다.

그동안 유성기업에서 자행된 인권 유린과 민주노조 탄압 사례를 모두 열거하기는 쉽지 않다. 유성기업은 이명박 정부와 자본이 공모하여 만든 '딱 이렇게'라고 전시하고 싶었던 탄압의 표본이었다. 주간연속2교대제 실시 압력에 시달리고 있던 현대자동차의 이해관계도 깊이 연루되어 있었다. 지금껏 문제가 되고 있는 노무법인 창조컨설팅의 노조파괴 시나리오가 처음

발견된 곳은 당시 아산공장에 파견 나와 있던 현대자동차 영업총괄이사 승용차 안이었다. 2011년 5월 계약일을 기준으로, 기존 유성지회 조합원의 숫자가 50% 감소했을 때는 별도의 성공보수를 받는다는 것도 창조컨설팅과 유시영 사장이 맺은 계약 조건 중 하나였다. 이 모든 게 정당한 노동조합 활동에 사측과 정부가 불법적으로 개입한 부당노동행위였지만, 법은 용역회사들처럼 탄압 대행회사로 기능할 때만을 빼고는 너무 멀리 있었다.

하늘이 무너져도 솟아날 구멍이 있다고, 2012년이 되어 유성 문제가 국회 청문회에서 다루어졌다. 수천 페이지에 달하는 창조컨설팅 노조파괴 문건이 공개되면서 엄청난 사회적 파문이 일어났다. 여론에 놀란 노동부와 검찰 등이 그제야 특별근로감독과 2번의 압수수색에 나서기도 했다. 증거자료가 1톤 트럭에 반 이상 나왔다고도 했다. 전형적인 꼬리자르기로 노동부는 발 빠르게 창조컨설팅 법인인가 취소에 나섰다. 사측의 사주와 정부 유관기관의 보호와 협조 아래 움직인 심종두 노무사 개인만 노무사 자격이 정지되었다. 이후 국정감사를 3년에 걸쳐 실시하기로 했고, 특별근로감독을 통해 산업안전법 위반 혐의가 적용되어 유성 사측에 벌금 10억 원이 부과되기도 했다.

이러한 근거를 가지고 노동부가 유시영 사장 등 경영진을 구속 기소 의견으로 검찰에 고발하는 초유의 일이 일어나기도 했다. 하지만 검찰은 3회에 걸쳐 재수사 및 자료 보강 요청을 하며 2년여를 지연시키다가 2013년 말에 여론이 잠잠해지자 모두 불기소 처분을 내리고 말았다. 노동부에서는

"기소 의견으로 송치 지휘를 건의하였으나, 검찰 지휘에 의거 불기소(혐의 없음) 의견으로 송치"했다는 진실이 밝혀지기도 했다. 그 사이 27명의 해고자가 부당해고임이 밝혀져 복직했고, 대부분의 사측 징계가 잘못된 것임이 보수적인 법원의 판결을 통해서도 바로잡혔지만, 회사는 이에 개의치 않았다. 11명의 조합원들을 재해고하고, 수십 명이 출근정지를 당해야 했다. 12억 원에 달하는 손배가압류가 떨어졌고, 별도로 국가가 나서서 노동자들을 상대로 1억2,000만 원에 달하는 손배가압류를 걸어왔다.

밝혀진 것만 아산공장에 17대, 영동공장에 15대의 CCTV카메라가 지금도 돌아가고 있다. 감옥의 재소자도 당하지 않을 감시와 차별을 일상적으로 받고 있다. 불법 감시 카메라를 확인하고 경찰에 신고했지만, 음성 채증까지는 밝혀지지 않았다는 까닭으로 무혐의 처분되었다. 관리자들을 통한 인격 모독과 충돌 유도가 상시적으로 일어나고 있다. 어용노조 간부로부터 전기충격봉으로 상해를 입어 경찰에 신고했던 조합원들에게 도리어 구속영장이 청구되는 희한한 일도 있었다. 사측은 '상시적 채증작업 체계를 구축'해두고 있다. 무차별 채증을 위한 '2선'도 구축해두고 있다. '특히 CCTV의 경우 요소요소 안 보이도록 설치하되, 원격조정이 가능한 최신 장비를 동원하여 활용'하고 있다. '채증된 자료는 1일 단위로 신속하게 총무부로 취합하고, 백업 데이터를 구축'해두고 있다. '핵심인물에 대해서는 보다 집중적으로 채증'하라는 지시가 내려져 있다.(인용 부분 창조컨설팅 제작 〈불법행위 채증요령〉 문건 중에서)

어용인 제2노조가 복수노조의 대표교섭노조 지위를 획득하도록 관리직 50명이 한꺼번에 제2노조에 가입하기도 했다. 2012년과 2013년처럼 제2노조가 대표교섭노조 지위를 획득했을 때는 교섭창구단일화를 통해 민주노조 측을 차별하고, 2014년처럼 제2노조가 대표교섭노조 지위를 잃었을 때는 개별교섭을 통해 제2노조를 지원하고, 민주노조와는 교섭을 파행으로 끌고 가는 방안도 모두 대응 매뉴얼에 담겨 있었다.

"밤엔 잠 좀 자자"라는 소박한 요구의 결말이었다.

우리는 결코 물러서지 않는다

정신을 차려보니 옥상 난간에 서 있는 자신을 확인하였습니다. 정신을 못 차렸으면 떨어졌을 것 같습니다. 정신을 차려보니 순간의 기억을 잃어버렸습니다. 옆에 있던 동료에게 물어보고 내가 흥분을 하였다는 것을 알았습니다.

— OOO 조합원 (이하 당사자의 요청에 의해 따로 이름을 밝히지 않습니다.)

순간 저의 손에는 칼이 들려 있었고, 누군가를 죽이겠다며 밖으로 뛰쳐나갔습니다. 결국 회사에 있을 수 없어 휴직계를 제출하고, 요양을 하면서 산재 신청을 하여 산재 승인을 받았습니다. 산재 승인 이후에도 자살 시도를 하였고, 산재가 강제 종료되었으나, 회사에 들어갈 수가 없어 다시 휴직계를 제출하였습니다.

— OOO 조합원

와이프가 와서 왜 애들을 때렸냐고 물어봅니다. 제 기억 속에는 없습니다. 한없이 길을 걷습니다. 정신을 차려보니 여기가 어디인지? 왜 왔는지 모르겠습니다.

– OOO 조합원

너무 힘들어서 병원 상담을 하였습니다. 우울증… 회사에 휴직계를 제출하겠다고 하니, 진단서를 떼어 와야 쉴 수 있다고 합니다. 병원에서 산재 진행 진단서를 안 써주려 합니다. 약을 한 번에 털어 먹었습니다. 이대로 일어나지 않았으면…

– OOO 조합원

흥분하면 참지를 못하겠습니다. 주위에서 누가 말리지 않았더라면, 사고를 치고 말았을 것입니다.

– OOO 조합원

안타깝지만, 정부와 사법부와 경찰, 원청인 현대차와 유성 사측으로부터 5년여에 이르는 노조 탄압을 받아온 노동자들의 심신 상태다. 2015년 충남 노동인권센터 부설 '노동자 심리치유사업단 두리공감'에서 진행한 유성 조합원 정신건강 실태조사 결과에 따르면 외상 후 스트레스와 우울증 고위험군으로 밝혀진 비율이 전체 조합원의 43.3%에 달한다. 정신과 치료와 입원, 약 복용 없이 일상생활이 어려운 조합원들이 다수다. 5년 가까이 임금 차별을 받으면서 겪는 경제적 불안도 심각하다. 사측 공작으로 제2노조가 서면서 서로가 서로를 증오하게 되는 공장 내 인간관계를 견뎌내야 하는 것만으로도 지옥이다. 불안한 삶이 가족들에게로 이어진다.

사측의 탄압은 끊이질 않는다. 노조파괴 전문가를 새로운 노무 관리 이사로 들여왔다. 충돌을 조장하고, 사사건건 트집을 잡아 조합원들을 상대로 2014년 이후 300건의 고소·고발을 추가했다. 조퇴를 하고 법원과 경찰서를 다녀야 하는 조합원의 가슴이 다시 분노로 타들어간다. 법원은 사측의 가처분 신청을 일방적으로 받아들여 조합원들의 각종 활동에 건당 50만원의 벌금을 부과했다. 조합비 통장이 강제 압류되고 추심당하고 있다. 손배 소송에서도 천안 지방법원은 사측 주장을 받아들여 12억 원을 부과했고, 이제 대전 고등법원 판결을 앞두고 있다. 2015년에는 강제 순환휴직도 실시하고 있다. 거부하는 유성지회 조합원들에게는 바닥 청소, 페인트 칠, 형광등 닦기 등을 시키며 일을 주지 않고 있다. 2011년 임금교섭과 2014년 임금교섭과 단체협상은 사측의 교섭 해태로 아직도 마무리되지 않고 있다. 심야노동 폐지는 고사하고, 유성지회 조합원들은 두 발 뻗고 편히 잠 한 번 못 자고 있다.

2014년 4월 세월호의 죽음들을 두고 어떤 이들은 '참사'라 하고, '재난'이라고 하고, '학살'이라 하기도 한다. 배은망덕한 지식인과 정치 모리배 일부는 '교통사고'를 들먹거리기도 한다. 비정규직 승무원들로 배를 채운 선주, 평형수를 덜어낸 자리에 무한 이윤을 위해 상습적으로 과적을 해도 합격 판정을 내린 관료, 민간업체 언딘이 올 때까지 한없이 기다리기만 해경, 아직 밝혀지지 않은 국정원의 관련 여부, 선령법을 연장해 사고를 조장한 국회, 국가가 해야 할 책임을 모두 민간으로 외주화한 정부, 국민 보호와 구조라는 책임을 방기하고도 유체이탈 화법만을 일삼는 대통령 등 총체적인 무능과 부정을 생각할 때 많은 이들은 세월호 참사가 평범한 사고가 아닌 사회구조적 학살임에 동의하고 분개하고 있기도 하다.

만약 그렇다면 유성기업에서 5년 가까이 지속되고 있는 '참사'는 어떤 성격일까? 노동자들의 구조 신호는 무시하고, 사측만을 감싸는 정부와 검찰과 사법부, 명백한 부당노동행위들이 수년째 자행되고 있는 현장을 애써 무시하는 노동부, 유성을 비롯해 수많은 현장에서 불법으로 자행된 민주노조 죽이기, 특검 도입 요구에 콧방귀도 뀌지 않는 국회, 한 배에 탄 노동자들은 다 죽이고 혼자만 안전하게 살겠다는 유시영 사장, 원청의 지위를 이용해 부당한 지배 개입에 나서는 재벌 현대자동차. 이 모든 불의들을 위해 왜 순박한 노동자들이 수년째 탄압당해야 하는 걸까.

다시는 이런 사업주들에 의해 고통 받는 노동자들이 없게 하기 위해, 일벌백계해야 합니다. 맨날 노동자들만 맞고 끌려가는 게 아니라 기업주도 잘못했을 때는 그 책임을 물어야 한다는 것이 사회적으로 확인되어야 합니다. 민주노조는 헌법에 보장된 핵심적 국민의 권리입니다. 이런 권리가 부당한 일부 권력층과 국가기관, 재벌 집단에 의해 함부로 침해당하는 순간 우리 사회 1,700만 노동자 가족들의 삶에 평화는 있을 수 없을 것입니다. 사람 몸에 암 덩어리가 있다면 그 암 덩어리를 제거해야 합니다. 그 암 덩어리를 그냥 두고 봉합한다면 그 암세포는 계속 번져 결국 생명 전체를 해칩니다. 한국 사회의 건강을 위해 나는, 우리는 내려가거나, 이 투쟁을 풀지 않을 것입니다.

– 유성기업 영동지회장 이정훈의 글 중에서

5년 가까이 힘겹게 싸우고 있는 유성기업 노동자들의 소망은 이정훈 지회장의 소망처럼 대단한 것이 아니다. 최소한의 '상식'을 지켜달라는 간절한 호소다. 국정조사 과정에서 밝혀진 사실만이라도 말이다.

그 '상식'을 지키기 위해 아산지회장 홍종인은 감옥 독방보다 작은 굴다리 밑 '새집'에 갇혀 151일에 이르는 고공농성을 해야 했다. 언제 침탈이 있을지 몰라 개처럼 자신의 목에 목줄을 걸고 있어야 했다. 하루하루가 사형대 위에 선 것 같았다고 한다. 어떤 소득도 없이 눈물을 머금고 내려왔을 때는 다리 근육이 모두 퇴화되어 발을 내디딜 수조차 없었다. 재활치료와 휠체어, 목발, 지팡이를 거치며 겨우 다시 직립을 유지해 두 다리로 걸을 수 있게 될 무렵 그는 영동지회장 이정훈과 함께 옥천나들목 광고탑에 올라 다시 129일을 보내기도 했다.

"밤엔 잠 좀 자자!"는 노동자들의 소망은 이렇게 짓밟혔다. 이렇게 쓰지 않고 "심야노동 폐지를 위한 유성기업 노동자들의 지치지 않는 투쟁이 있었다"라고 써야 하겠지만, 그러기엔 현실의 고통이 너무 크다. "그들의 투쟁에 힘입어 수많은 노동자들이 심야노동으로부터 해방될 수 있었다고 미래의 역사는 기록할 것이다"라고 유성기업 노동자들에게 말해주고 싶지만, 그러기엔 지금 그들의 아픔이 너무나 구체적이다. 이정훈 지회장의 말을 되뇐다. "맨날 노동자들만 맞고 끌려가는 게 아니라 기업주도 잘못했을 때는 그 책임을 물어야 한다는 것이 사회적으로 확인되어야 합니다." 왜 그 투쟁을 유성기업 노동자들이 모두 져야 하는지도 의문이다. 이제 그만, 우리 모두가 함께 나서야 하지 않을까?

오랜만에 방문한 공장 안으로 들어갔다. 홍종인 지회장이 놀라지 말라고 했는데, 놀라지 않을 수가 없었다. 노동조합 사무실이 있는 관리동 건물 전체에 "우리는 결코 물러서지 않는다"라고 적힌 깃발들이 꽂혀 있었다. 화단 주변도 마찬가지였다. 5년에 걸친 전방위적인 탄압을 당하고도 이런 조직력과 투쟁력을 지키기란 정말 쉽지 않은 일이다. 노동 현장에선 작은 선전물 하나를 두고도 노사의 힘겨루기가 이루어진다. 조합 사무실도 아니고, 관리동 한 채를 노동자들의 성처럼 치장해 놓는 일이란 정말이지 쉽지 않은 일이다.

알려진 것처럼 이명박 정부 때부터 진행된 노동운동 탄압에 무수히 많은 민주노조들이 깨져 나갔다. 추풍낙엽들이었다고 해도 과언이 아니다. 박근혜 정부는 전교조와 공무원노조를 법외노조로 밀어내고, 철도민영화를 비롯해 모든 공공부문에 대한 구조조정에 나서고 있다. 그 모든 곳에서 민주노조를 거세하는 것은 기본이다. 그 총공세 앞에서 안간힘으로 민주노조의 자존심을 지키고 있는 이들이 유성 노동자들이기도 하다. '유성마저 깨지면 민주노조 다 깨진다'며 모였던 3.15 유성 희망버스의 결의와 눈물과 웃음을 다시 한 번 떠올린다.

1980년 광주 5.18항쟁 이후 수많은 5.18이 있었지만 우리는 이제 유성 노동자들의 2011년 5월 18일을 잊지 못할 것이다. 4,000명의 공권력 앞에서 무자비하게 짓밟히면서도 물러서지 않고 '진실과 상식'을 지키기 위해 싸운 이들. 그 진실을 규명하기 위해 5년째 모든 걸 걸고 싸우는 사람들. 그들에게 작은 존경의 마음 하나, 연대의 마음 하나 놓아본다.

2009년 '주간연속2교대제 및 월급제' 합의.

2010년 노측, 주간연속2교대제 및 월급제 실무팀 가동.

2011. 1월 노사 교섭 시작(11차례 교섭 동안 사측안 제시되지 않음).

2011. 5월 충남지방노동위원회 '조정 중지' 결정.

2011. 5 .17. 쟁의행위 찬반투표 78%로 가결.

2011. 5. 18. 사측, 직장폐쇄 및 용역강패 배치. 용역 중 1인이 대포차로 돌진. 노동자 13명 중
　　　　　　　경상.

2011. 5. 24. 파업 현장에 경찰 4,000여 명 투입. 노동자 533명 연행.

2011. 5. 27. 검찰, 김성태 아산지회장 등 2명 구속. 100명 불구속 처리.

2011. 6. 22. 이구영 영동지회장과 엄기한 아산부지회장 조계사 농성 및 무기한 단식 돌입.

2011. 7월 사측, 어용노조인 '유성기업(주) 노동조합' 신설.

2011. 8. 6. 노조, 대전지방법원 천안지원 조정안 수용. 8월 31일까지 전원복귀 결정.

2011. 10월 사측, 노동자 27명 해고. 대다수 조합원 중징계.

2011. 12. 8. 노조, 고용노동부 천안지청 앞 무기한 천막농성 돌입.

2012. 2. 20. 충남지방노동위원회, 해고자 23명 부당해고 및 부당노동행위 구제신청 노측
　　　　　　　승리.

2012. 6월 중앙노동위원회, 해고자 23명 부당해고만 인정, 부당노동행위 불인정.

2012. 6. 28. 노조, 서울 삼성동 유성기업 서울사무소 앞에서 노숙농성 돌입(2012.11.10. 해단).

2012. 9월 국회 환경노동위원회 주최 '산업현장 용역폭력 관련 청문회'에서 창조컨설팅 노조
　　　　　　　파괴 시나리오 공개.

2012. 10. 16. 창조컨설팅 법인 인가 취소. 심종두 대표 자격정지.

2012. 10. 21. 홍종인 아산지회장 굴다리 고공농성 돌입(2013. 3. 19. 해단).

2012. 11. 7. 노조, 대전노동지청 앞 천막농성 돌입.

2012. 11. 30. 대전지법 천안지원, 27명 해고자 전원 해고무효 판결.

2013. 5. 28. 사측, 27명 해고자 복직 통보.

2013. 8. 6. 노동부 천안지청, 사측 노조파괴공작 관련 대부분 불기소 의견으로 검찰에 사건 송치.

2013. 10. 11. 사측, 복직 해고자 27명 중 11명 재해고, 13명 출근정지.

2013. 10. 13. 이정훈, 홍종인 지회장 옥천 광고탑 고공농성 돌입(홍종인 2014.2.18. 해단. 이정훈 2014.6.28. 해단).

2013. 11. 14~18. 용역투입 항의 전면파업 돌입.

2013. 11. 25. 사측, 파업 참가자 4명 출근정지, 7명 견책 징계.

2014. 2. 12. 노조, 노조파괴 특별검사제 도입 요구 기자회견.

2014. 2. 14. 서울행정법원, 부당해고 및 부당노동행위구제 재심판정 취소 소송에서 사측 패소 판결(사측 부당노동행위 인정한 최초 법원 판결).

2014. 2. 18.~3. 7. 노동부 천안지청 중재로 노사정 간담회 열고 특별교섭 논의 및 중단.

2014. 3. 20. 해고자 11명, 근로자 지위보전 및 임금지급 가처분 사건에서 승소.

2014. 3. 26. 근로복지공단, 사측의 직장폐쇄로 인한 정신질환 업무상 재해 인정.

2014. 4월 노사, 대전노동지청장 중재로 특별교섭 합의.

2014. 4. 24. 대전고등법원, 사측의 직장폐쇄 정당성 갖기 어려워, 직장폐쇄 기간 동안의 임금 지급 명령.

2014. 4. 29. 특별교섭 결렬.

2014. 5월 대전지법 천안지원, 조합원 폭행 용역업체 직원에게 징역 4년에 집행유예 4년 선고.

2014. 5. 29.   대전고등검찰청 천안지청, 노조파괴 사건에 대한 노조 측 항고 기각.

2014. 6. 11.   노조, 검찰의 항고 기각에 대해 법원에 재정신청.

2014. 6. 18.   경찰, 노조 간부 4명에 대한 구속영장 청구(기각).

2014. 9. 16.   대전 고등법원 재정신청 인용촉구 기자회견 및 노숙농성 돌입.

2014. 10. 22.   2011년 임금교섭 및 2014년 임·단협 교섭 중단 통보 – 현재까지 교섭 진행 안
                됨(어용노조는 임금인상 타결 : 일 2,500원 타결금 600만원 / 단체협상 : 정년자에 대해 1
                년간 재고용(촉탁) 합의(지회는 단협 미체결로 재고용 하지 않음)).

2014. 12. 30.   대전 고등법원 재정신청 일부 인용

2015. 1. 9.   기초질서 공고 후 1월 23일부터 기초질서 위반자 잔업 특근 배제 시작. 평균 UPH
              적용 미달자 4월부터 임금 삭감.

2015. 2. 3.   성실교섭 이행 현장 오체투지 시작.

2015. 3. 16.   임원 철야농성 시작 및 전 조합원 철농프로그램 진행(2개월).

2015. 4월   노조 측 재정신청 인용 천안 검찰 사측 기소.

2015. 4. 24.   천안지법 2차 해고자 11명 정당 해고 판결.

2015. 5. 8.   기존 사건 병합 재정신청 인용. 천안지법 유시영 재판 병합 – 천안지법 앞 유시
              영 재판 시 천안 야우리 버스터미널 앞부터 법원까지 오체투지 시작.

2015. 5. 11.   관리동 앞 텐트농성 돌입(2개월).

2015. 7. 13.   사측 노동조합 조합비 11,427,756원 일반회계 통장 압류 출금.

2015. 9. 23.   사측 순환 휴직 일방 실시 : 금속 순환휴직 미동의자 생산라인 작업 배제 및 3정
              5S, 교육 등 불이익 처우.

2015. 10. 2.   조합원 일괄공제 통장 및 단협상 문화체육진흥활동비 압류 통보.

대학에서 서양화를 공부하
고, 만화와 어린이책에 그림을 그리고
있다. 1994년 만화 〈휘파람〉으로 새싹만화
상 대상을 받았으며, 여러 만화가들과 함께 인
권과 평화를 주제로 한 만화책 《사이시옷》, 《내가
살던 용산》, 《어깨동무》 등을 펴냈다. 그린 책으
로는 《엄마 냄새 참 좋다》, 《아빠하고 나하고》,
《아기오리 열두 마리는 너무 많아!》, 《아가
야 울지마》, 《여우 시집가고 호랑이
장가가고》 등이 있다.

글

이선옥

그림

유승하

기록노동자. 주로 르포를 쓴
다. 2010년 제18회 전태일문학상에 비정
규직 노동자들의 이야기 "그대 혼자가 아니랍
니다"로 기록문 부문 장편에 당선되었다. 전태일문
학상 수상집 《그대 혼자가 아니랍니다》, 용산참사 이
야기 《여기 사람이 있다》, 장애인의 권리 이야기 《나
를 위한다고 말하지 마》를 함께 썼다. 보이지 않는
사람들과 들리지 않는 목소리를 기록하며 산다.
출판기획과 르포쓰기 강사 일을 하면서
함께 기록하고 책을 낼 동료들을
기다린다.

2013년
3월 1일

섬과 섬이
이어지기 까지

이선옥 & 유승하

새로운 사업
제안인데요.

그러니까… 정리하면
파업 현장에서 트라우마를
겪은 아이들을 지원하는
출판 프로젝트
라는 거죠.

잡지는 글과
만화가 같이
들어가는 게
좋겠어요. 글만
있으면 안 봐서
…

르포작가
이선옥과
그림작가
유승하

솔

깃

사업 제안자…

이렇게 우리를 부추겼던 사업 제안자가 사라졌다.

쌤~ 기왕 시작한 거
우리끼리라도 계속 진행해요.

저도 용산 만화 작업 마치고
수도권에만
현장이
몰려 있어서
미안했어요.

그쵸.
노동현장이랑
장기농성장을
연결하는 거죠.

그러자!! 다른 사람 도움
없이!! 우리 힘으로!!
아자아자 크로스!!
재능기부 없이!!!

며칠 후

Namufree
쌤… 죤 소식 …!!!

Namufree
지원해줄 곳이 생겼…

Namufree
아니요, 맞는거 확실

그렇게 작업이 시작되었다.
사업비 지원을 받게 된 것이다.

와 ─ 랑

감사합니다

2013. 3. 28

쌤…

기획서예요.
제목은 가칭이긴 한데…

섬과 섬을 잇다…

그쯤

와ㅡ

콱 와닿는 제목이에요.

제가 쫌… 한 작명해요.

자, 그럼 본격적으로 작가 선정을

글작가로는 누가 좋을까… 하종강 선생님이랑…

만화는 3김(김홍모, 김수박, 김성희), 나, 이경석 여기다 마영신 그리고…

엠티도 한번 가요.

엠티를 가야 출판사도 정하고… 계약서 위임장에 서명도 해야죠.

작가가 열여섯 명이 되다보니 한자리에 모이기가 힘들어서요.

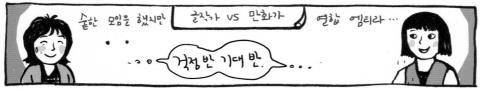

숱한 모임을 했지만 글작가 VS 만화가 연합 엠티라…

걱정 반 기대 반.

그렇게 각자의 취재가 시작되었다.
2013년 7월 중간점검 2차 엠티

보성 정길상 선생의 집
임진왜란 때 일본에 맞서 싸운 정경달의 직계후손.
1938년 일제 때 민족 교육기관 '양정원'을 설립
우리 글과 역사를 가르친 집안이다. 길상의 부친이자
정경달의 후손 정해룡 선생은 해방 후 월북한 동생을
만난 일로 일가가 가족 간첩 사건에 연루돼
고초를 겪었다. 무기수로 복역하다 석방된
정길상 선생이 고택을 지키고 있다.

임진왜란 때 세운 공을 →
치하해서 나라에서
받은 원기둥 5개

자— 식사후
각자 콘티 발표를 합니다.

밥 준비
전문 작가

바다에 빠져서
휴대폰 말리는 연정

하종강
쌤

이 시간은
왜 이렇게
피곤한 걸까

쫄쫄

늦게 온 홍모

머나먼 항구로 마중 나여온 수박

술자리
뒷풀이 때
깨서…

노려면 노래
노래 노래
놀이면 놀
말이면 말

끝까지 간다

물놀이에서는
신나게

만화도 신나게
해야 할 텐데…

250

그렇게 6개월간의 취재가 진행되었다.

철탑 위에서

길거리 에서

산과

바다에서

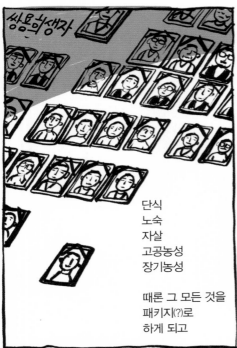

쌍용의생자

단식
노숙
자살
고공농성
장기농성

때론 그 모든 것을
패키지(?)로
하게 되고

5년 6년 8년…
강산이 변한다는
10년 차

하나도
자랑스럽지
않은
기록들

코오롱

경찰 POLICE

©박해성

그만 해!

날짜를
잊을 수가 없죠.
매일 갈아
끼는데.

재능
농성일
822

재능
교육
해고자
유명자

할 수 있는 거라고는 끝없는 농성

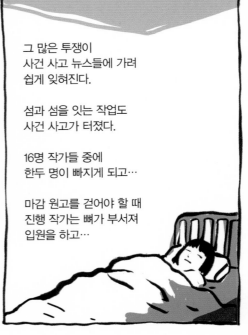

그 많은 투쟁이
사건 사고 뉴스들에 가려
쉽게 잊혀진다.

섬과 섬을 잇는 작업도
사건 사고가 터졌다.

16명 작가들 중에
한두 명이 빠지게 되고…

마감 원고를 걷어야 할 때
진행 작가는 뼈가 부서져
입원을 하고…

그렇게 해가 바뀌고
2014년 봄 책이 나왔다.

섬과 섬을 잇다
책을 끝으로
묘양이 들어간
출판사 →
마케팅 팀장

축 ― 악 ― 만 ― 세

성기준

정회엽

참착하고 밝은 미소로
→ 마감을 끝까지
기다려 준 담당 편집자

우리
크게
행사를
합시다

그러나
책이 나오기 얼마 전
세월호 참사가 일어났다.
큰 행사로 계획한
섬과 섬을 잇다 북콘서트는
취소되었다.

2014년 6월 23일 홍대 앞에서
소박하게 북콘서트를 열었다.
작가들은 여기저기
행사장을 다니며
책을 홍보하고
외로운 농성을
알리고 다녔다.

박복한
우리들

서분숙

김소박

그래도
괜찮아

다
괜찮아

1권에서 기록한 현장 가운데 코오롱은
투쟁 10년 만에 미복직 합의로
농성을 정리했고,

재능교육은 끝까지 남은
유명자와 박경선 해고자가 투쟁
2,822일 만에 복직 합의를 이뤄냈다.

다른 섬들은
여전히 싸우는 중이다.

판매왕 하종강

본인 단독 저서를
뒤로한 채
전국 강연장마다
《섬과 섬을 잇다》를
홍보하고
손수 사인을 해서
수백 권을 판 저자.
생업으로 바쁜 다른 작가들 몫까지
대신해 섬과 섬을 이어준 판매왕.

우리는 오늘도
섬과 섬을 잇는다.
세상의 섬들이
다시 이어질 때까지.
애초부터 우리는
모두 연결되어 있으니까.

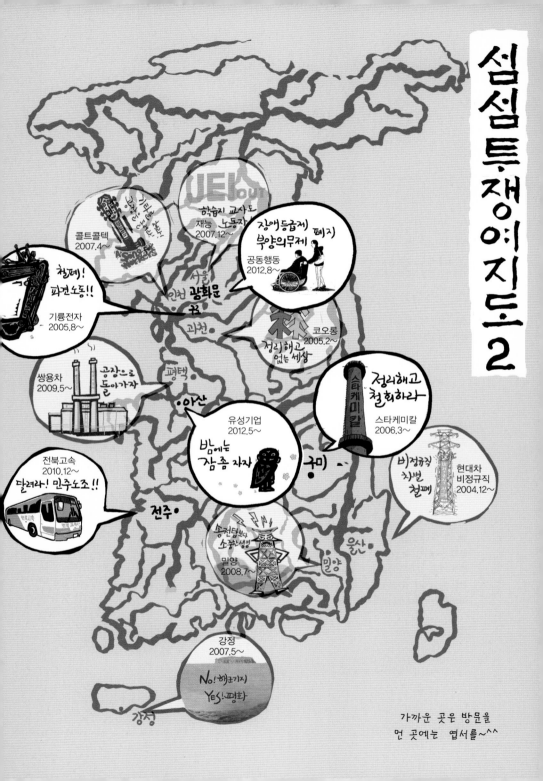

섬과 섬을 잇다 2

ⓒ 앙꼬 강혜민 조남준 송기역 원혜진 유명자
주호민 연정 최규석 송경동 유승하 이선옥 2015

초판 1쇄 인쇄 2015년 12월 23일
초판 1쇄 발행 2015년 12월 30일

지은이 앙꼬 강혜민 조남준 송기역 원혜진 유명자
주호민 연정 최규석 송경동 유승하 이선옥
기획 이선옥 유승하
펴낸이 이기섭
편집인 김수영
책임편집 정회엽
마케팅 조재성 정윤성 한성진 정영은 박신영
경영지원 김미란 장혜정
표지 디자인 오필민
본문 디자인 유성미

펴낸곳 한겨레출판(주) www.hanibook.co.kr
등록 2006년 1월 4일 제313-2006-00003호
주소 서울시 마포구 효창목길 6 (공덕동) 한겨레신문사 4층
전화 02)6383-1602~3 **팩스** 02)6383-1610
대표메일 book@hanibook.co.kr

ISBN 978-89-8431-950-9 03330